JN024750

わたし、めあり！
今日この学校に
転校して
きたんだけど…

友だちってどうやって
つくるんだっけ？

めあり

すでに仲よし
グループも
できてるみたい…

ことね&にこ

リク

だよなー

2

5年生は林間学校も
あるし、早く友だち
つくらなきゃ…！

でも、なんて声をかければ
友だちになってくれるか
わかんないよ～！

なぁなぁ
めありはどんな
友だちがほしいのだ？

えっ！
だれ!?

ぼくはフレンなのだ！
キズナをつなぐ使命を
もつ妖精なんだぞ♬

ねぇねぇ

どんな友だちがほしいか
考えてみるのだ！

どんなって…えっと、
いっしょにいてくれる子
ならだれでもいいよ！

だれでも…
うーん…

めありは「友だち」って
どんな存在だと思うのだ？

友だち…？

友だちってどんな存在？

「友だち」はどんな存在って言われても……。
友だちは友だちじゃないの？

ふむふむ。じゃあ、質問を変えるのだ。
めありは、「友だちがほしい」って言っているけど、
具体的に友だちとどんなことをしたいと思っているのだ？

どんなこと？　えーと……。

友だちとどんなことをしたい？

いっしょにいたい！

ひとりでいるのはさびしいから、学校
や放課後も、いっしょにいてほしいな。
相手も、わたしといっしょにいたいっ
て同じくらい思ってほしい！

悩みを聞いてほしい！

勉強、家族、恋、友だち関係などなど、
わたしたちの世代は悩みごとがつきない
もの。そんな悩みを親身に聞いてくれる
友だちがいるといいな。

楽しいことを共有したい！

楽しいことは、友だちといっしょなら、もっ
ともっと楽しくなるはず♪　いっしょに遊
びに行ったり、おもしろいテレビの話を
したりして、ハッピーを共有したい！

頼りたい！
頼られたい!!

友だちには、頼りたいし、同じくら
い頼られたい!!　ひとりじゃ達成で
きないようなことも、助け合えばきっ
とやりとげられると思うもん。

まだまだあるけど、
お互いを大事に思い合える
友だちがほしいな♥

次のページへ続く

わたし、「"だれでもいいから"友だちがほしい」って言ったけど、ほんとは「"お互いを大事に思い合える"友だちがほしい」んだなぁ～。

うんうん。「ひとりはさびしい」「だれでもいいから友だちがほしい」って気持ちだけで友だちをつくろうとしても、心は満たされないのだ。信頼できる本当の友だちをつくるには、お互い「対等」に思い合うことが大切なんだぞ。それじゃあ、具体的なケースを見てみるのだ！

これって友だちって言える？

CASE 1

テスト前だけ「わたしたち友だちだよね！」

勉強が得意なエミと、明るくてクラスの中心的存在のココ。ココはふだん、エミと遊んだり、同じグループを組んだりしない。でも、テスト前になると、「わたしたち友だちだよね！」と言って、エミにノートを借りたり、勉強を教えてもらったりする。エミはココのことを友だちだと思っているから、親身になって勉強を教える。でも、テスト期間を過ぎると、ココはエミに声をかけなくなる。

CASE 2

「わたしがいないとダメなんだからっ」

しっかり者のルリと、おっとりしているノゾミ。ルリはよく、「ノゾミは世間知らずだから、わたしがいないとダメ」「この間、ノゾミが変なことをして失敗しそうだったから、わたしが助けた」って、みんなに話すんだ。みんなはルリのことを、「しっかり者でえらい！」ってほめる。ノゾミも「ルリちゃんありがとう」って言うけど、ノゾミはモヤモヤしちゃうことが多いみたい。

ココはエミを都合のいいときだけ頼るし、ルリはノゾミのことを下に見ているみたい……。これって、「対等」な友だちなのかな？

楽しいときもつらいときも、

いっしょにいたい とお互いが思い合う関係!!

フレンのアドバイス!

友だちは、上下関係があるものではなく、本来対等であるべきものなのだ!
いっしょにいて、片方ばかりががまんしたり、モヤモヤしたり、都合の
いいときだけ頼ったりするのは、信頼し合える友だちとは言えないぞ。
4ページのめありのように、「だれでもいいからいっしょにいてほしい」という気
持ちでいると「いっしょにいてくれるんだから、ちょっとくらいイヤなことをさ
れても我慢しよう!」って考えになって、対等な関係が築きにくくなるのだ。
"どんな友だちがほしい"のか、一度きちんと考えてみてほしいんだぞ!

★どんな友だちがほしい?

書いてみよう!

この本には、"本当の友だち"をつくるための
ヒントがたくさん詰まっているのだ!

CONTENTS

あのね～　そっか～

LESSON 2
大切なのは、自分と仲よくなること

LESSON 3
いろいろな感情と向き合おう

LESSON 4

相手の気持ちを知るナイショのテク

LESSON 5

友だち関係のトラブルをのりきろう

「友だちとケンカしちゃったら？」
「約束を守ってもらえないときは？」
・・・・・身近なお悩みを解決していくよ♥

特別ふろく　秘密の プロフィール帳

この本の登場人物

この4人といっしょに友だちのつくり方を学んでいくのだっ♪

フレン

めあり
元気いっぱいな小学5年生。新しい学校に転入してきたばかりで、友だちができるか不安に思っているみたい。

にこ
やさしい性格だけど、意見を言うのは苦手。心友のことねにも気持ちを伝えられないことがあって悩んでいるよ。

ことね
しっかり者で、思ったことはハッキリ言うタイプ。最近、幼なじみのリクのことが気になっているけど……？

リク
運動が得意で、いつも明るい人気者。ことねとは幼稚園からの幼なじみ。ちょっぴり鈍感な一面も……!?

LESSON
1

友だちと
じょうずにつき合う
20のヒント

わたし、本音を言い合える対等な友だちがほしい！

うんうん

でも、そういう友だちってどうすれば見つかるの？

フレン、わたしクラスのだれに話しかければいいと思う…？

好きな子に話しかければいいんだぞ…！
難しく考えなくても大丈夫なのだ！

でも、きっとありは
考えすぎちゃう
だろうから…

友だちづき合いの
ヒントをいくつか
紹介するぞ!

ヒント?

20コあるのだ!

最初のヒントは…
「仲よくなりやすいのは
同じ目的や興味を
もつ子」なのだ

同じ目的や…
興味?
……あっ!

13

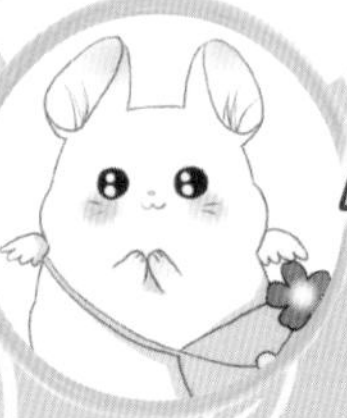

仲よくなるきっかけをつくろう

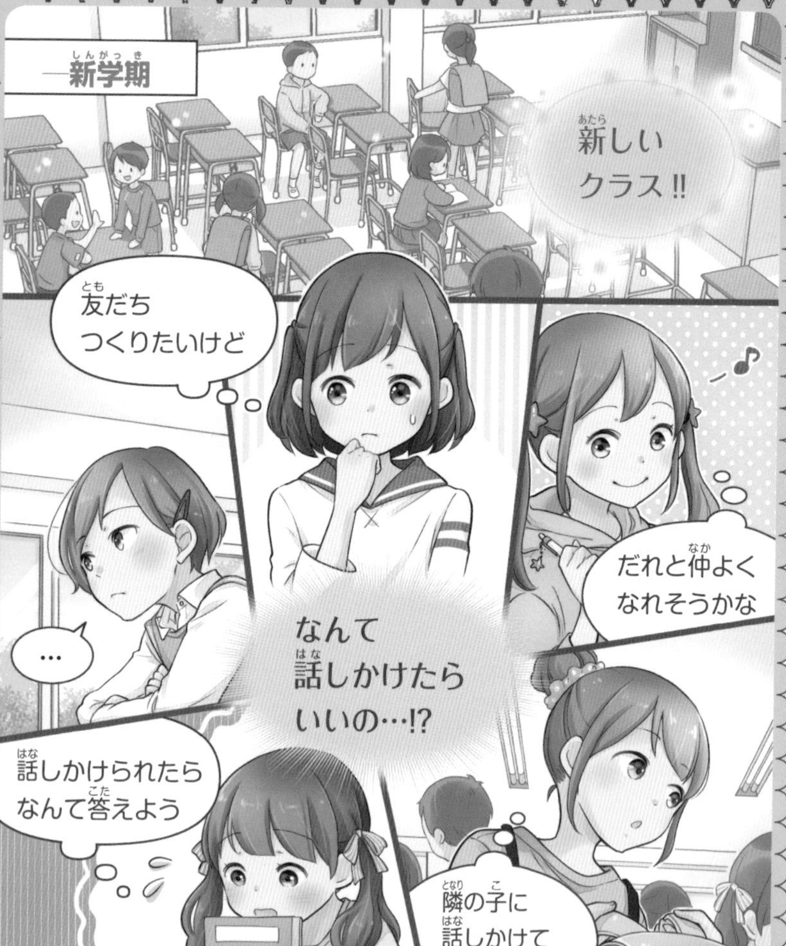

ヒント1

仲よくなりやすいのは同じ目的や興味をもつ子

クラス替えや転校など、新しい環境では、ほとんどの子が初対面になるよね。そういうとき、「だれに声をかけよう」「友だちになれる子はだれ?」って迷っちゃうんじゃない?

新しい友だちをつくりたいときは、「目的」や「興味」が同じ子、もしくは近い子を探すのがおすすめ。身につけているもの、読んでいる本、ちょっとした会話など、いろいろなところに「目的」や「興味」のヒントがひそんでいるはずだよ!

目的と興味って?

「目的」と「興味」のこと、もう少しくわしく教えて!

目的

「何をしたいか」「どこに行こうとしているか」が近い子をさがしてみよう! 同じ目的を達成しようとするうちに、自然と仲よくなれるよ★

たとえば…

★ 勉強をがんばりたい子といっしょに図書館で勉強!

★ 家が近い(=帰る目的地が同じ)子といっしょに帰宅!

★ スポーツで勝ちたい子といっしょに練習をする!

興味

「何が好きか」が同じ子とは、共通の"好き"の話題で盛り上がれちゃう♥ 「音楽の話題で盛り上がって、カラオケに♪」なんてケースも!

たとえば…

★ 好きなアイドルがいっしょ!

★ 同じゲームに興味がある★

★ アニメやマンガが好き♥

★ うらないに興味しんしん!

★ おしゃれをするのが楽しい♪

★ お菓子づくりが得意!

ヒント2

人は自分と似ている人を好きになる！

「類は友を呼ぶ」ということわざがあるよね。これは、似たものどうしは自然と集まるという意味。実際に人は、自分と意見が同じ人、態度が似ている人を好きになりやすい傾向があるんだ。これを心理学では「類似性の法則」と呼ぶよ。

もちろん、自分とちがうところがある子とだって仲よくなれるから、あくまで傾向として覚えておいてね♪

類似性がある友だち

「類似性」がある友だちと仲よくなりやすい理由を教えるのだ！

話のきっかけがつくれる！

ヘアゴムかわいい！

ありがとー！

いっしょに買いに行かない？

似ているところが多いということは、センスや興味も近いということ！ 話のきっかけがつくりやすいよ♪

意見が合うからもめにくい！

あれ観たい！

ロードショー

わたしも観たかったのー！

意見が合いやすいから、どちらかががまんすることが少なく、ストレスなくつき合える可能性大！

ちがうところがある子とは認め合えればキョリが縮まる♡

おたがいの弱いところをカバーし合えれば最強の心友になれるんだね♪

性格がちがう子どうしは、お互いの弱点をおぎなえるから、関係を深められれば心友にだってなれちゃう♡ 意見が合わないことが多いかもしれないけど、お互いの意見を大切にできれば大丈夫！

ヒント3

マネをすると好かれやすくなる!?

相手に好意をもってもらうテクニックに、「ミラーリング」というものがあるよ。これは、相手のしぐさや行動をちょこっとマネすること！

ヒント2でも紹介したけど、人は自分と似ている人や、同じ行動をとる人を好きになりやすい傾向があるの。また、「好きな人に自分を似せたい！」と思うものなんだよ。好きなアイドルをマネしたくなったり、親が自分に似ている子どもを愛しく思うのも、「類似性の法則」があるからなんだ。

"ちょこっとマネ"をしてみよう！

相手のこんなところをマネするのだ。さりげなく、だぞ！

しぐさ　相手の手の動きを、ときどきマネてみよう！

テンポ　会話や行動などのテンポを相手に合わせてみよう。

あのね〜　　そっか〜

発言　相手の会話のフレーズをちょっとだけくり返そう！

この間買いもの行ってね…　　買いものかぁ

明らかなマネは不快に…！

ミラーリングは、さりげなく行うことが大切！　明らかにマネされているとわかると、相手がイヤな気持ちになっちゃうかも……。

17

ヒント 4

最初の印象が、ずっと後まで影響する!?

　人の初対面の印象は、最初の10秒で決まるともいわれているよ。たとえば、初対面で「やさしそうな人だな」という印象をもつと、別の日に冷たくされても、「今日は調子が悪いのかな?」と、イヤな印象を抱きづらくなるの。反対に、初対面で「イヤな子」って思うと、次に会ったときにやさしくされても、「何かウラがあるんじゃないかな?」って疑ってしまうんだって!こんな風に、最初の印象が、その人への全体的な印象として決まることを、「初頭効果」というよ。

初頭効果ってこういうこと!

心理学者のアッシュさんが、「初頭効果」を調べるために行った実験なんだぞ～!

Q. あなたは、次の A.B についてどんな印象をもちますか?

A
頭がいい
まじめ
人を否定しがち
がんこ
しっと深い

B
しっと深い
がんこ
人を否定しがち
まじめ
頭がいい

頭がいいからこそ、がんこになってしまうことがある人なのかな?

しっと深くてずるがしこい、イヤな人なんだろうな!

順番がちがうだけで、印象がガラッと変わる!

　AもBも書いてあることは同じなのに、Aは「頭がよくてまじめだから、人にもきびしくてがんこなのかな?」と、いい風に見てもらいやすいんだ。逆にBは、「がんこで人のことを否定し続けて、頭がいいから嫌味も言ってくる!」という性格に見られてしまうんだよ。

ヒント5

初対面の印象をアップするのは清潔感！

　初対面で好感をもってもらうためにとくに重要なのは「清潔感」だよ。いくら明るくてやさしい人でも、髪がぼさぼさだったり、服が汚かったりしていては、「なんだか近寄りたくないな」と思われてしまうかも。朝、髪をブラシでとかし、歯をみがいて、洗濯してシワを伸ばした服を着る。そんな当たり前にも思えることができているか、出かける前にきちんとチェックしてね。

清潔感のチェックPOINT

□髪にブラシは通した？

□髪や肩にフケはついていない？

□朝、洗顔した？

□歯みがきをした？
　口臭はしない？

□つめはきれい？
　長すぎない？

□服がシワだらけじゃない？

□くつは汚れていない？
　穴があいていない？

ヒント6

笑顔でハキハキしゃべろう！

　初対面の印象が決まるといわれる「10秒」って、とても短く感じるよね。でも、そんな10秒でもできることはあるよ。それは、「笑顔」で「ハキハキと話す」こと！　笑顔は親しみやすい印象をアップするのに効果があるし、ハキハキと明るくしゃべ

ることで、「元気そうな子だな」「いっしょにいて楽しそう」って思ってもらえるはず！　でも、自然な笑顔をつくるのは、意外と難しいもの。日ごろから、すてきな笑顔のためのトレーニングをしておこう。

アナウンサーもやっているという、笑顔をつくるトレーニングを紹介するのだ★

すてきな笑顔をつくるトレーニング

ういうい体操

口のまわりの笑顔をつくる筋肉を、ほぐす＆きたえるトレーニングだよ。やり方は簡単で、口を思いっきりつき出しながら「う」、そのあと口を横に広げながら「い」。これを何回かくり返すだけ！　朝、起きてすぐのタイミングに行うのがおすすめだよ。

口角アップトレーニング

割る前の割りばしを横にして、上下の歯でくわえるよ。しっかり噛みしめて30秒キープ。このとき、くちびるができるだけ割りばしにふれないように。そのまま、今度は左右の口角を上げて目も笑顔にし、10秒キープ。くり返すことで、口角がキュッと上がる♥

もっと話したいと思わせる会話術

ねぇねぇ！
昨日家族で
買いものに
行ったんだ！

…ええと
新しいくつを
買ってもらったの！

…

へぇー…

ふぅん
よかったね

…うん。

えりなちゃん
あんまり興味
なかったかな

やった！
おうかちゃんと
しゃべれた！

えへへ
新しい
友だちだ〜!!

次の休けい時間

あれ？
おうかちゃん
別の子のとこ
行っちゃった

わたしももっと
話したかったな

楽しそう…
いいなぁ…

22

相手に興味をもって質問すると◎

友だちと話しているとき、どんな風に聞いているかな？ 笑顔で話を聞いたり、あいづち（25ページ）を打つことも大事だけど、「あなたの話に興味があるよ！」と伝えるいちばんの方法は、相手に「質問」をすること。質問は、相手の話をくわしく知りたいからするものだよね？ 質問をされると、相手が自分に興味をもってくれるのがわかって、「もっとこの子と話したい！」って思ってもらえるんだよ♪

考えてみよう！

相手の発言に対して、どんな質問ができるか考えてみよう！

書いてみよう！

「この間家族で
北海道に行ったよ！」

どんな質問が考えられる？

例「へー！ 何を食べたの？」

「最近アイドルのショウくん
にハマってるの♥」

どんな質問が考えられる？

例「わぁ、いいね♥ きっかけはなんだったの？」

ヒント8

相手の名前を呼ぶと、グッと親密に♥

友だちとの仲を急接近させるのに効果的なのが、会話中、たまに相手の名前を呼ぶこと！ 名前を呼ばれると、相手が自分のことを考えて話してくれていることが伝わるよね♪ なんとなく「何してるのー？」と話しかけるより、「○○ちゃん、何してるの？」と問いかけたほうが、グッと親密になれるから、ぜひ初対面での会話から実践してみてね★

ただし、呼びすぎると不自然な会話になっちゃうから、ほどほどに！ たまに呼べばOKだよ。

名前を呼ぶor呼ばないでどう変わる？

名前を呼ぶってすごく簡単そうだけど、どれくらい印象が変わるの？

例

「ねぇ、これどう思う？」
　↓
「ねぇ、○○ちゃんはどう思う？」

名前を呼ばれることで、相手が自分の意見をしっかり聞こうとしてくれているって伝わるよね！

例

「また遊ぼうねー!!」
　↓
「また○○ちゃんと遊びたいな！」

名前が入ることで、相手が"自分と"遊ぶのを楽しんでくれていて、また遊びたいと思っているって伝わるね♪

ありす
遊ぼっ！

ヒント9

じょうずにあいづちを打ってみよう！

会話がなんとなく盛り上がらないなら、原因はじょうずに「あいづち」を打てていないからかも！　あいづちがないと、相手が自分の話を聞いているか不安になっちゃうよね。あいづちをうまく打てると、相手が気持ちよく話すことができて、会話がより弾むんだよ♪　ヒント7の「質問する」もあいづちのひとつだから、いっしょにマスターしちゃおう！

ただし、あまり気にしすぎて会話に集中できなくなるのもよくないから、「ちょっと意識する」くらいでOK！

すごいね！

それでどうなったの？

へぇ～知らなかった

わたしもそう思う♪

もっと話したくなるあいづちのPOINT

あいづちのPOINTを三つ紹介するぞ！　会話中、意識してほしいのだ♪

POINT
自分がどう思ったか伝えてみよう

相手の話を聞いてどう思ったか、短い言葉で伝えてみよう。「すごいね！」「えっ、びっくり！」など、簡単な言葉でも、興味をもって話を聞いていることが伝わるよ★

POINT
相手の気持ちを入れよう

相手が自分の気持ちをわかってくれていると思うと、うれしくなるよね♪　それを伝えるテクが、あいづちに、想像できる相手の気持ちを入れること！　たとえば、「この前試合で負けて」という話なら、「そっかぁ。悔しかったね」など、相手の感情をあいづちにはさむとGOOD！

POINT
もちろん質問もGOOD！

ヒント7で紹介した「質問」もあいづちのひとつ！　このとき、かならずしも具体的な質問をしなくても大丈夫。「それで、どうなったの？」など、会話の続きをうながすような軽い質問でもOKだよ♪

ヒント10

自分のことを話すときは結論から！

話すのが苦手な人に多いのが、「話しているうちに、言いたかったことからどんどんずれて、話が長くなる」というもの。長い話はあきられちゃうし、「この子は何が言いたいんだろう？」って、聞いているほうもとまどっちゃうよね。これを解決するコツは、「結論から話す」こと！　最初に「今から話すのはこれ！」と明確にすることで、話が脱線しにくくなるんだ。相手も会話の最後まで興味をもって聞いてくれるはずだよ♪

相手が耳をかたむけたくなる会話の順序

結論が最後にくる会話と、最初にくる会話を比較してみるのだ★

結論が最後にくる会話

自分「この間○○っていうお菓子を
　　　食べたんだけどね」

相手「うん」

自分「おいしかったから今度食べてみて〜！」

相手「わかったっ！」

> **ポイント**
> この会話の切り出しかただと、相手は「うん」というあいづちしか打てないの。

順番を変えてみよう！

結論が最初にくる会話

自分「めっちゃおいしいお菓子を
　　　見つけたから食べてほしいの！」

相手「えっ、なんてお菓子？」

自分「○○ってやつ！　あまじょっぱくて
　　　おいしいよ♥」

相手「そんなにおいしいなら食べてみたい！」

> **ポイント**
> 自分が新しいお菓子を食べたことなのか、友だちにおいしいお菓子を紹介したいのか、何を言いたいかが伝わりにくいかも。

> **ポイント**
> 「相手においしいお菓子を食べてほしい！」という結論から話すことで、相手も「なんだろう？」と興味をもってくれるよ♪

> **ポイント**
> 「とにかく食べて！」という気持ちが伝わるから、そんなに言うなら食べてみたいと思えるね♪

ヒント11

相手に伝わる話し方を心がけよう

「会話」はひとりでするものではなく、相手といっしょにすることだよね。自分の話をしているときでも、相手をおいてけぼりにしていないか、会話を楽しんでいるか確認を！　おしゃべりな子は、つい自分の話ばかりしてしまいがちだけど、相手の話にも耳をかたむけて。おとなしい子には、「わたしはこうしたけど、○○ちゃんならどうする？」と、友だちがしゃべりやすい話し方を心がけてみよう♪

ありすちゃんだったらどうする？

そうだなぁ…

相手も楽しめるトークのPOINT

自分も友だちも楽しくなる話し方のコツを勉強しよ～♪

POINT

「自分」ばかりではなく「相手」のことを考えて話す

会話は、相手と仲よくなるためにすることだよね！　だから、「自分をよく見せよう」と思いすぎず、「相手に楽しんでもらおう」という姿勢でいることが大切だよ。

POINT

相手の意見を聞いてみるとGOOD

自分の話をしているときでも、「○○ちゃんはどう思う？」「わたしはこう思ったけど、どうかな～？」なんて質問してみよう。話がより盛り上がるよ！

POINT

相手の反応をチェックしよう！

話しはじめると、ついとまらなくなってしゃべり続けてしまうこともあるけど、ちょっとだけ冷静になって。相手が楽しめているか、かならず確認するようにしてね。

POINT

ネガティブなことは言いすぎないで！

悩みを相談しているときなどは、どうしてもネガティブな言葉を使いがち。でも、聞いているほうは気がめいっちゃうよね。ネガティブな発言はほどほどに！

ヒント12

下の名前で呼んでみよう

友だちと「もう一歩ふみこんで仲よくなりたい！」と思ったら、ぜひ下の名前で呼んでみよう。苗字で「スズキさん」と呼ぶより、ちゃんづけでも下の名前で呼ぶほうがグッとキョリが縮まるよ♡

ただし、「名前じゃなくてニックネームで呼んでほしい！」という子もいるよね。いきなり呼ばずに、まわりの子がその子をなんて呼んでいるか、チェックするといいかも！

呼び名を変えるときのアドバイス

いきなり名前で呼ぶのも緊張するなぁ～。
どうすれば自然に呼べるかな？

呼んでもいいか聞く

ずばり、「○○って呼んでもいい？」って聞いちゃおう！このとき、「もっと仲よくなりたいから」など、自分の気持ちをひと言つけるとGOOD♪

まわりに合わせて呼ぶ

相手が、すでにほかの子から下の名前で呼ばれている場合は、みんなでいるときにさりげなく呼んじゃおう。みんなでワイワイ遊んでいるようなタイミングだと呼びやすいよ。

自分の名前を呼んでもらう

名前で呼びたい子に、まずは「わたしのこと名前で呼んで～」って言ってみよう！その流れで、「わたしも下の名前で呼んでいい？」って聞けば、自然と下の名前で呼び合えるよ★

ヒント13

毎日少しでも会話しよう

　心理学では、何度も会ううちに相手に親近感を抱いて、親しくなれると考えられているよ。このことを、「単純接触効果」というんだ。

　ポイントは、会う時間を長くするのではなく、会う回数を増やすこと！　つまり、1日ずっといっしょにいるよりも、1日5分でもいいから、毎日会話するほうがいいんだ。ちなみに、「会う場所を変える」のも親しくなるのに効果があるよ。

会う場所を変える3STEP

STEP1
学校や塾で

まずは、学校や塾、学童、習いごとなど、"みんなで"いる空間のなかで、仲よくなりたい子にできるだけ話しかけてみよう！

"みんなで会う"より、
"1対1で会う"ほうが、
仲はグッと深まるのだ！

STEP2
いつもとちがう場所で

グループでもいいから、学校や塾などを出て、ファミレスに行ったり、カラオケに行ったりしてみよう♪ プライベートで会うことが大事！

STEP3
個人的な場所で

何度か遊んで仲よくなれたら、自分の家に招いたり、友だちの家に遊びに行ったりしよう。友だちの家に行くときは、マナーを守ってね！

もっとくわしく！ たくさん会っても仲よくなれないのはなぜ？

第一印象で失敗してもまき返せる…！

何度会っても仲よくなれない場合、その子に仲よくする気がないか、相手にとって、あなたの第一印象がよくなかった可能性があるよ。仲よくする気がない場合は難しいけど、第一印象がよくない場合は、その評価をよくすることはできるから、あきらめないで！

ポイントは、ギャップを見せること。たとえば、ぶあいそうに見えて笑顔がかわいいとか、クールに見えてじつは妹キャラとか……。相手の自分の印象を逆手にとることが重要だよ！

フン！

イジワルな子だな…

本当はやさしい子…？

ギャップを見せるって、どうすればいいの？

まずは、会話をすること！
15ページで紹介したヒントを参考に、相手に興味をもってもらえる話を振ってみよう。
少しずつキョリを縮めて、「そんなに悪い人じゃないかも？」と思ってもらったところで、自分の意外な一面を見せてみてね★

うーん。難しそう……。
それだけ、第一印象を変えるのって大変なんだなぁ。

31

ヒント14

軽めの「お願いごと」をしてみよう

ちょっと意外かもしれないけど、仲よくなるテクのひとつに、「お願いごとをする」というものがあるの！ちょっと難しい話になるけど、心理学では「嫌いな人に親切にするのは、おかしなこと。だから、人に親切にすると、その"おかしさ"を解消するために、相手に好意をもつ」と考えられているんだ。これを、「不協和理論」と呼ぶよ。

軽めの荷物をとってもらうとか、勉強を教えてもらうとか、相手にちょっとしたお願いごとをしてみよう。お願いごとを聞いてもらえたら、「ありがとう！」としっかり伝え、お願いの内容によっては、お礼にプチプレゼントなどをわたしてね♪

助けた相手を好きになるワケ

お願いごとを聞くと…

「不協和理論」についてくわしく解説するよ！

なんであの子のこと助けたんだろう？

「どうしてあの子のお願いを聞いてあげたのかな？」と、自分自身の行動にギモンをもつよ。

そうか！

きっとわたしあの子が好きなんだ！

そのギモンを心の中で解決するために、「あの子が好きだから助けたんだ！」と思うように。

一方的に頼みすぎるのはNG!!

お願いごとをするのは、心理学的にも効果があるといわれる方法だけど、何度も一方的にお願いばかりしたり、お礼をしなかったりするのはNG！「いいように使われてる？」って、相手をイヤな気持ちにさせてしまうよ。

ヒント15

悩みごとを打ち明けよう

「悩みごとを相談すると、相手との
キョリがグッと縮まる」と考えられて
いるよ。相手のことを信頼していない
と、悩みを打ち明けることはできない
よね？　相談された相手も、「頼って
もらえた！」と思ってくれるはず♡
悩みを相談していれば、いっしょにい
る時間も増えるし、困りごとも解決す
るしで、一石二鳥！　信頼できる相手
に、ぜひ相談してみよう♪

そのマスコット
にゃんころんだよね？

わたしも好きで…！

わーそれレアな
やつだよね！

かわいい！

33

ヒント16

本当に仲よくなれるのは2割だけ!?

「クラスメイト全員と仲よくなる！」と目標を立てるのは、とてもすてきなこと。でも、そのために自分の気持ちをおさえたり、苦手な子と無理につき合う必要はまったくないよ。

10人いたら、本当に仲よくなれるのは2人、ふつうに仲よくなれるのは6〜7人、どうしても合わない子が1〜2人はいるものだと考えられているんだ。お互い別の考えをもった人間だから、「相性」がいい、悪いはあるものだよ。

それぞれの人とどう接すればいいの？

かならずしもこの通りにする必要はないけど、「苦手な子と無理につき合わない」という考え方は大切だぞ♪

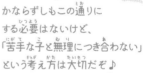

♥本当に仲よくなれる2割の子

いっしょにいると楽しい、とても大切な友だち！　言いたいことをなんでも言い合えるような心友になれるはず。プライベートでもたくさん遊んで親密になろう★

★友だちになれる6割の子

グループでいっしょにいたり、クラスなどでいっしょにいると楽しくなる友だち！　もっと仲よくなりたいときは、28ページから紹介しているヒントを参考に♪

♦自分を苦手な2割の子

もし、その子といっしょにいてつらい気持ちになることが多いなら、無理に仲よくならなくてもOK。そのぶん、今いるほかの友だちを大切にしよう！

ヒント17

自分に自信をもつことが大事！

友だち関係の悩みはつきないよね。でも、その原因、相手ではなく、じつは"自分"に自信がないからかも！

自分に自信がないと、友だちにイヤなことをされても、「わたしが悪かったかも」って思って言い返せない。それに、自分の意見を言えないから、友だちの意見に流されてばかりで、気持ちを押し殺してしまうことに……。モヤモヤしながら友だちといても楽しくないし、つらいだけだよね。自分に自信をもって、友だちと"対等"でいられるようになろう！

自分に自信がないと…

人に合わせてばかり

自分の意見に自信がないから、相手の発言に同調してばかりに。友だちと、対等に会話ができないよ。

無理をしてしまう

まわりに好かれている自信がないから、相手の言うことを聞かないとダメだと思いこんで、無理をしてしまうことも。

自信をつけて、不安を吹き飛ばそう！

自分をほめてみよう！

自分のすごいところ、なんだと思う？だれもが、いいところ、すてきなところをもっているはず。そういうところを見つけて、「すごいね！」って自分で自分をほめてみよう。

たしかに、わたし自分に自信をもてないかも……。どうすれば自信がつくようになるのかな？

無理をしてまわりに合わせない！

自分の意見がなかったり、まわりに合わせてばかりだと、余計に自信がなくなってしまうもの。まわりに合わせるのをやめて、「わたしはこう思う」って意見を言ってみよう！

Lesson2では、自分を知る方法や自信をもつ方法、自分と仲よくなる方法を紹介しているのだ★

ヒント18

世界は∞に広がっている！

　もし、学校や習いごと、塾などで、自分の居場所がないと感じているなら、「世界は∞に広がっている」ことをぜひ知ってほしいんだ。学校じゃなくても学べる場所はあるし、友だちは同じ年じゃない人ともなれるもの。今、どうしてもつらいのなら、おうちの人に言って、その場所から離れたっていいんだよ。

　自分がつらいのをおうちの人に話すのは、はずかしいことではないよ。自分を守るために話せたのだから、それはほめられるべき勇気ある行動なんだ！　つらい思いはひとりで抱えず、信頼できる人に相談しよう。

おはよー！

おはよっ！

「友だちがほしい！」という気持ちはとてもすてきなものだけど、無理をしてしまったり、つらい場所にい続ける必要なんてないぞ。ヒント16〜18は、人間関係を築くうえで、ぜひ覚えておいてほしい考え方。だれよりも自分を大切にするのだ♪

うんっ！　友だちとの関係でつかれちゃったときは、思い出してみるね♪

グループづき合いで つかれない考え方

休みの日

あのね
じつは ちょっと
かなちゃんのこと
苦手なんだ…

あー…
わたしも
苦手かも

わたしも
話さないな～

キャッ キャッ
次どこ行くー？
クレープ
たべよー！

あんまり
笑わないし…

かなちゃん
たしかに
クールだけど
やさしいのにな

でも ここは
みんなに合わせて…

ふぅ

バイ
バーイ！

そうだねー

だよね～
よかった！
みんな同じで

なんだか今日は
つかれちゃった
なぁ…

ヒント 19

人づき合いの基本は1対1

クラスや習いごとでは、仲のいい3人以上のグループで行動することもあるよね。グループの中でもいろいろな立ち位置があって、どんな風にふるまえばいいかわからなくなってしまうこともあるかも……。でも、そんなときに思い出してほしいのは、「人づき合いの基本は1対1」だということ。

つまり、グループづき合いでも、ひとりひとりの友だちを大切にすることが大事なんだよ。あまり考えすぎずに、それぞれの友だちとの仲を深めていこう。

みんなと仲よくしようとしなくていい！

うんうん

そうなんだ〜

へぇ!!

わたしも！

なんだか…

つかれてきちゃったよ〜

全員と仲よくしようとすると、つかれちゃうぞ。

ヒント16でも紹介したように、10人いれば、1〜2人は相性が合わない子がいるもの。グループが大人数になるほど、全員と仲よくするのは難しくなるよ。険悪にならない程度に、ほどよいキョリ感をもってつき合えばOK！

ヒント20

意見には流されない、押しつけない

　これはグループづき合いに限らないけれど、ときには友だちと意見が合わないこともあるよね？　そんなとき、自分の意見をおさえて、「わたしもそう思う」って同意すると心にモヤモヤが残るし、「そんなことないよっ！」っ

て自分の意見を押しつけると、相手がイヤな気持ちになってしまうかも。

　そういうときは、相手の意見を受け止めたうえで、自分の意見も少しだけ伝えるのがおすすめ！　どちらの意見も、大切にされるべきものだからね。

31ページのマンガの
シーン、おうかはどうすれば
よかったかな？
シミュレーションしてみるのだ！

自分とちがう意見を言う子には…

かなちゃんってイジワルそうで苦手〜

いい子なのに…

◎ 一度気持ちを受け止めて自分の意見も言う

そっかぁ

何かイヤなことされたの？

✕ 相手の意見を否定しようとする

かなちゃんはそんな子じゃないから！

…

目つきが悪いの悩みみたいだよ

あと人見知りなんだって！

へぇ〜…

40

もっとくわしく！

人には適切なキョリがあるって本当？

相手との関係性によって、ほどよいキョリがある！

　人ごみで見知らぬ人と密着すると、イヤな気持ちになるよね。人間には、人に立ち入られると不快な気持ちになるキョリがあって、これを「パーソナルスペース」と呼ぶんだ。

　パーソナルスペースは、相手との関係性によっても変わるもの。パーソナルスペースを無視して、まだ仲よくない子にくっつこうとすると、相手を不快にさせてしまうかも。関係性ごとのパーソナルスペースの目安を覚えておこう！

パーソナルスペースの目安

関係性ごとのパーソナルスペースの目安を紹介！　人によってもちがうから、あくまでも参考程度にしてね♪

心友／恋人	家族	友だち	初対面

0〜15㎝	15〜45㎝	45〜120㎝	120〜350㎝
キョリが0、つまりふれ合ったりしてもイヤな気持ちにならない関係♥	大好きな家族とは、もっとキョリを縮められるという子も多そうだね♪	相手に嫌悪感がなければ、手を伸ばせばさわれるキョリまで近づいてもOK！	知らない相手とは、ふれ合うには難しいけど、会話はできるキョリまでなら。

SNSを楽しく使おう

SNSは、気軽に人とコミュニケーションがとれる楽しいサービス。だけど使い方をまちがえると、トラブルの原因になってしまうこともあるんだ。便利なサービスを楽しく安全に使うために覚えておきたいポイントを紹介するよ★

SNSってなに?

SNSとは、ソーシャル・ネットワーキング・サービスの略で、ネット上で年齢や国籍に関係なくいろいろな人と交流できるサービスのことだよ。通話やメッセージのやりとり、写真投稿、情報の発信・交換などそれぞれの目的に特化したサービスがいっぱいあるんだ! スマホやパソコンの中にアプリをダウンロードすれば、いつでもどこでも利用できちゃうよ♪

SNSって、いろいろなことができるんだね。なんだかおもしろそう〜!

SNSをはじめる前に…

アプリのダウンロードや会員登録をするときは、おうちの人に相談しよう。アプリやサイトが危険なものではないかチェックしてもらってね。また、おうちの人と決めたアプリを使うときのルールはかならず守ろう!

SNS上での コミュニケーションのポイント

エス エヌ エス じょう

SNSで交流するときに役立つマナーをチェックしよう!

ポイント❶

いつも以上に 相手の気持ちを考えよう

SNS上の交流は、相手の顔が見えない分とっても気楽にできるよね。だけど、「顔が見えない=表情から気持ちを読みとれない」から、無意識のうちにだれかを傷つけたり、怒らせたりしてしまうかも! 自分の言動で相手がどんな気持ちになるか、いつも以上によく考えてみよう♪

相手の顔色がわからないと、冗談なのか本気なのかわからないこともあるよね…。

いつも冗談を言い合っているような間がらでも、SNSでは注意しないと!

ポイント❷

メッセージを送る前に 読み返してみて

メッセージを送る前に、ひと呼吸おいて、一度文章を読み返してみよう。汚い言葉づかいやきつい言い方など、相手を不快にさせるような内容になっていないかな? 返事に困ってしまう内容や、読むのにつかれてしまうような長い文章を送るのも迷惑に思われることがあるから気をつけて!

ポイント ③

友だちの写真や情報のあつかいに注意しよう

友だちの写真を許可なくインターネット上にアップするのはＮＧ！これは友だちの「肖像権」を侵害することになるよ。肖像権とは、自分の姿をほかの人に勝手に利用されない権利のこと。場合によっては法律違反で罪に問われてしまうこともあるんだ。もちろん、友だちの個人情報を勝手に公開したり、だれかに教えるのもダメ！

シェアする

個人情報ってなに？

その人個人を特定できるような情報を「個人情報」という。自分の本名や住所、電話番号などはすべて個人情報になるんだ。とても大切な情報だから、ほかの人に知られてしまうと大変！ 悪用されてしまったり、ときには犯罪にまきこまれたりする危険があるよ。個人情報は、写真に写っている風景や、位置情報などから特定されてしまうことも。写真を投稿するときは、そういった情報が写りこんでないか確認を！

〔これも個人情報だよ！〕

- 生年月日や血液型
- 性別
- 通っている学校の名前
- 最寄り駅や電車の路線

- 家族構成
- おうちの人の勤め先
- ＳＮＳのＩＤやパスワード
- マイナンバー

ポイント ④

悪口を書きこむのはＮＧ！

インターネット上でも、悪口はほかの人を不快にするもの。だれかを傷つけるような内容や、有名人を中傷するようなことを書きこむのは絶対にやめてね。一度ネットに出回った内容は、完全に消すことは難しいよ。軽い気持ちで書いた悪口がこの先ずっと残ってしまうかもしれないの。

ポイント ⑤

ネット上の友だちと実際に会うときは要注意

ネット上で知り合った友だちと実際に会おうとするのは待った！ネットでは、簡単にウソを書くことができるから、その友だちのプロフィールが本物とは限らないよ。同じ年の女の子だと思っていたら、実際は悪い大人だったという事件も実際に起きているんだ。どうしても会ってみたいという場合は、おうちの人や、信頼できる大人について来てもらうのが◎。

世の中には子どもをだまそうとする悪い大人もいるのだ！

ポイント ⑥

返事をさいそくしない

　返事がなかなか来ないからといって、何度もメッセージを送ってさいそくするのはやめよう。返事が来ないのは、用事があったり、忙しくしていたりするのかもしれないよ。不安になっちゃう気持ちもわかるけど、相手にも都合があるということを忘れないでね♪

ポイント ⑦

遅い時間に連絡をするのはやめよう

　遅い時間に連絡するのはマナー違反！自分は起きていたとしても、相手がすでに寝ていたら、迷惑になっちゃうかもしれないよね。夜に友だちとやりとりをするときは、「連絡は○時まで」と時間を決めておくのがよさそう★

ポイント ⑧

ネガティブな内容には反応しない

　悪口やウソの情報など、ＳＮＳ上でネガティブな投稿を見つけても、反応しないのがいちばん。悪口を悪口で返したり、拡散したりなどの行動はトラブルにつながりかねないよ！　見つけたときは、気にせずそのままにしておくか、まわりの大人に相談してみよう。

ポイント ⑨

「いいね」の数に
とらわれすぎないで

　ＳＮＳの中には、投稿に「いいね」と反応できるサービスもあるよね。手軽にリアクションができる便利な機能だけど、いいねの数を気にしすぎるのは考えもの。いいねの数があなたの人気や評価ではないから、数が少ないことを悩んだり、友だちにいいねを強要したりするのはやめよう。もちろん、友だちの投稿にもかならずしもいいねをする必要はないよ。自分のペースでＳＮＳを楽しんで♪

ナンバーワンより
オンリーワンって
やつだな！

ポイント ⑩

ＳＮＳとはほどよいキョリを保つのが◎

　ＳＮＳ上のつき合いに依存しすぎると、日常生活での友だちづき合いがいいかげんになってしまうかもしれないよ！　ＳＮＳの投稿が気になって仕方ないというのは、依存してしまっているサイン。そんなときはＳＮＳとキョリをおいてみるのもいいかもしれないね。学校での友だちとのおしゃべりなど、ＳＮＳ以外のコミュニケーションも大切にしよう♥

こんなときどうする？

Q 投稿された自分の写真を消してほしい

A 許可なくのせられた自分の写真を消してほしいとき、悩んじゃう人も多いよね。相手と気まずい雰囲気になりたくないなら「変な顔ではずかしいから消して〜！」って、冗談っぽく言ってみるのがいいかも。「できれば投稿する前に教えて」と言えるとなおGOOD★

Q 既読ムシっていけないことなの？

A よくないことだと思われがちだけど、都合が悪いときは無理に返事をしなくてOK。気になるときは、「返事が遅くなることがあるけど、落ちついたときにゆっくり返すね」とあらかじめ伝えておこう！

Q トークを終わらせるタイミングがわからない

A トークが盛り上がってくると、終わらせるタイミングに悩んでしまうこともあるみたい。「そろそろ宿題に戻るね」とか「また明日ね」と言って終わらせる方法もあるけど、次の日になってから「昨日は返せなくてごめんね」と、会話を再開するのもひとつの手だよ♪

SNSのお悩みQ&A

Q ネガティブな発言にいいねしていいの？

A 友だちのグチや悪口には、どう反応したらいいか迷うよね。とくに悪口の場合、いいねをしただけでその内容に同意したと思われてしまうことも……。そういう内容には反応せず、スルーした方がよさそう。

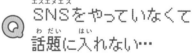

もしもトラブルが起きてしまったら、自分だけで解決しようとせず、友だちやおうちの人に相談するといいんだぞ！

Q SNSをやっていなくて話題に入れない…

A SNSをやっていないと、会話に入れずさびしい思いをしてしまうこともあるかもしれないね。そんなときは思い切って「その話わからないから教えて！」と聞いてみよう！ 明るくたずねるのがポイントだよ♪ そうすればきっと、どんな話題で盛り上がったのか教えてもらえるはず★

ここに注意！

ＳＮＳの思わぬ落とし穴

ＳＮＳに慣れてきたと思っても、安心するのはまだ早い！　悪い人は、思わぬ手口でつねにだれかをおとしいれようしているよ。手口に引っかからないためにも、ここできちんとおさらいしよう。

ウソの情報がふくまれているかも⁉

ＳＮＳ上には、だれかがわざと流したウソの情報がふくまれていることもあるよ。すべての情報が正しいと思わず、信頼できる情報かどうかを慎重に見極める必要があるんだ！

写真から住んでいる場所がバレちゃう危険も！

何気なく投稿した写真から、自分の現在地がバレてしまうことがあるよ。写真をアップする前に、写真の位置情報機能がオンになっていないか、特定できる風景や建物が写っていないかをチェックして！

写真の位置情報がオンになっていると、撮影された場所までわかっちゃうよ〜（汗）

クリックしただけで情報が盗まれる⁉

サイトの登録ボタンやＵＲＬ（ウェブページのアドレス）をクリックしただけであなたの情報が盗まれてしまうことがあるよ。知らない人やサイトから送られてきたあやしいＵＲＬは、絶対にクリックしないこと！

LESSON
2

大切なのは、
自分と仲よく
なること

新しいクラスは
心友のことねと
同じだし

転校生のめありと
仲よくなれたし

ハッピー！

…のはずなんだけど

にこ遅いっ！

楽しそうだな〜

う、うんっ

あの先生ひいき
してるよね〜

最近、なんだか
モヤモヤしちゃう
ことが多いな…

悩みごとを解決！

にこはモヤモヤしてる
みたいだけど、原因は
ことねなのだ？

キズナをつなぐ妖精
フレン登場だぞ！

えっ!?

きゃあっ!!

ことねに
モヤモヤ…？

ふる　ふる

ううんっ

そっか！ならきっと、
モヤモヤしているのは
自分に対してなんだぞ！

自分に…？

自分がどんな人なのかを知ろう

自分にモヤモヤ、かぁ。たしかにわたし、めありちゃんみたいにスポーツが得意でもないし、ことねみたいに楽しい話もできないし……。

こらっ。そうやって、「わたしなんか」って思うってことは、自分を大切にできていない……つまり、自分と仲よくできていないってことなんだぞ！　にこにも、すてきなところはたくさんあるんだからな！　それに気づけないのは、にこが自分のことをよく知らないからだぞ。だからまずは、「自分を知る」ことからはじめてみるのだ！

自分を知る……？　どういうこと？

自分を知ることができれば自分を大切にできる！

　Lesson 1で、「同じ目的や興味をもつ子とは仲よくなりやすい」って紹介したよね？　そのためには、まず自分が「何が好き」で、「どんな目的をもっているか」を知らなければならないんだ。だけど、"自分"のことをわかっていない子が多いんだよ。
　それに、自分の気持ちにふたをして、人に合わせてばかりだと、つかれてしまうよね。自分を知ることで、自分を大切にできるようになるはずだよ！　人間関係の基本は、「自分を大切にすること＝自分と仲よくなること」なんだ。

自分と仲よくなるには？

自分と仲よくなる方法も、
友だちと仲よくなる方法も同じ！
"興味をもつ" ことだぞ★

大切なのは、自分と仲よくなること

友だちと仲よくなりたいとき

あの子は何が好きなのかな？

あの子はどう思うのかな？

仲よくなりたい

何が好き？

どう思う？

自分

友だち

自分と仲よくなりたいとき

することは同じだよ！

わたしは何が好きなんだろう？

わたしはどう思うんだっけ？

自分

仲よくなりたい

何が好き？

どう思う？

自分

01 自分のタイプを診断してみよう

ヒロイン診断で自分のことがわかっちゃう!?

自分の「タイプ」を診断することで、自分をより深く知るためのヒントになるかも！ スイスの心理学者・ユングという人が広めた「外向性と内向性」をアレンジした「8タイプ♡ヒロイン診断」で、自分のタイプを診断してみよう☆ この診断では、「気持ちの向け方」と、「得意なこと」でチェックするよ。

気持ちをどこに向ける?

心理学者・ユングは、何かを思ったとき、考えたとき、その気持ちを自分の"外"に出す子を「外向型」、"内"にしまう子を「内向型」と分けたんだ。一般的に、外向型の子は人づき合いが得意であきっぽい、内向型の子は人見知りしがちでがまん強い傾向があるよ。

性格は、気持ちの向け方によって、「外向型」と「内向型」の大きく2つに分類できるといわれているのだ！

外向型の特ちょう

☆人と接するのを好む

☆明るく、ユーモアがある

☆行動力があるが、冷めやすい

☆ささいなことで落ちこみやすい

内向型の特ちょう

☆人見知りしがち

☆しんちょうに行動できる

☆一度決めたらあきらめない

☆無口でがんこな一面も

得意なのは何？

得意なこと……といっても、勉強とか、スポーツとかじゃないんだよね？

心理学者・ユングは、心のはたらきには、「思考」「感情」「感覚」「直観」の4つがあると考えたんだ。この4つはだれしもがもっているものだけど、人によって、得意なもの、発達しているものがちがう。どのはたらきが発達しているかによって、性格にちがいが出てくるんだよ。

感情　**感覚**

思考　**直観**

♥ 感情って？

「好き・嫌い」「すてき・気に入らない」でものごとを決めるはたらきのこと。食事や人、服などを「好き・嫌い」という基準で判断するタイプ！

★ 感覚って？

ものごとを、「見たまま」や「聞いたまま」、五感を使って感じとるはたらきのこと。好き・嫌いではなく、「どんな状況か」を冷静に判断できるんだ。

◆ 思考って？

ものごとを、知識や理論でしっかり考える力だよ。「なんとなく」で何かを決断せずに、事実や正しさを追求してから決めるタイプなんだ！

♣ 直観って？

「思いつき」や「ひらめき」でものごとを判断したり、読みとったりする力だよ。思いついたら一直線で、理屈は関係なしにつき進むよ♪

$$\boxed{気持ちの向け方} \times \boxed{得意なこと} = \boxed{自分のタイプ！}$$

外向型、内向型の2つの性格と、心の機能を組み合わせた計8つが、「性格のタイプ」になるよ。このタイプは、そのときの気持ちやまわりの環境によって変わることもあるんだ。

次のページから、いよいよ自分のタイプ診断がはじまるぞ〜！

あなたはどのタイプ？ 8タイプ♥ヒロイン診断

自分のタイプがわかっちゃう「ヒロイン診断」に挑戦！
A〜Hの当てはまるものにチェックをしていってね♪

A

- ☐ 友だちの輪の中に入っていくのが好き♡
- ☐ 自分の意見が、まわりの子と同じになることが多い。
- ☐ 自分の行動がまわりにどう思われているか気になる！
- ☐ 友だちの悩みやつらい話を聞くと、自分のことのように苦しくなる…。
- ☐ ちょっぴり傷つきやすいタイプだと思う。

B

- ☐ 何かが起こると、深く考えるよりも「ピンとくるか」で判断しがち。
- ☐ 流行や周囲のうわさ話にはくわしいほう♪
- ☐ 過去や未来より、「イマ」楽しいかが大切！
- ☐ 「いつも同じ」はつまらない。スリルがほしい！
- ☐ アウトドア系のスポーツが好き♡

C

- ☐ グループの中では、リーダー的な役割をもつことが多い！
- ☐ 何かに悩むと、とことん考えてから決める★
- ☐ 自分自身の意見より、ルールや道理を大切にする。
- ☐ ものごとを行う前に、しっかり計画を立てたい！
- ☐ ルールをきちんと守らない人は苦手…。

D

- ☐ ものごとの可能性をためしたくなる！
- ☐ ずっと同じことをするのではなく、変化があるほうが楽しい♪
- ☐ イマより、この先どうなるかを大事にしたい。
- ☐ 問題は、まわりの子とアイデアを出し合って解決したい。
- ☐ 意見を絶対に変えないがんこな子とは話が合わないかも…。

58

E

☐ 好き嫌いがはげしく、気の合った少数の友だちがいれば十分！

☐ 自分の気持ちは表に出さず、心にそっととどめておく。

☐ まわりのことは気にしないで、自分なりの見方を大切にする♪

☐ 「不公平」や「ズルい人」が大っ嫌い！

☐ 図工や音楽が得意だと思う☆

F

☐ 自分の世界にこもることが多い。妄想大好き♡

☐ 「前に成功したこと」「伝統的なこと」を行うと安心する！

☐ 記憶力がよく、過去のことは忘れない。

☐ ひらめきのアイデアより、きちんと考えられたものが好き。

☐ 持ちものは、長く大切に使うタイプ★

G

☐ 親しい気の合った人の考えだけ聞ければＯＫ！

☐ 自分自身がどんな人か、あれこれ考えるのが好き♡

☐ 目立つのが苦手で、あまり自分の意見を主張しない。

☐ カンにたよらず、ものごとをじっくり考えることができる♪

☐ 頭ではあれこれ考えても、いざ実行するのに勇気がいる！

H

☐ 未来は、自分の中にあるひらめきで切り開く！

☐ 「天然だね」「変わってるね」って言われることがある。

☐ 自分ひとりでできることにやりがいを感じる★

☐ 自分のアイデアを、ほかの人に伝えるのが苦手かも…。

☐ まわりからはしっかりしていると思われるけど、家は散らかっている。

診断結果!!

A～Hの中で、いちばん✔がついたのがあなたのタイプ♪ ✔が同数の場合は、複数のタイプをあわせもっていることになるよ！

A がいちばん多かった子は ➡60ページへ

B がいちばん多かった子は ➡61ページへ

C がいちばん多かった子は ➡62ページへ

D がいちばん多かった子は ➡63ページへ

E がいちばん多かった子は ➡64ページへ

F がいちばん多かった子は ➡65ページへ

G がいちばん多かった子は ➡66ページへ

H がいちばん多かった子は ➡67ページへ

59

外向型×感情タイプ のあなたは…

しらゆきひめ タイプ

みぃーんなと仲よくしたいわ ♥

特ちょう

コミュニケーション能力が高く、人の気持ちを察するのがじょうずだよ。まわりを平和にする、やさしい心のもち主。人に自分の気持ちを伝えるのも得意な、リーダータイプだよ。

人づきあいのPOINT

会話でキズナを深めよう！

このタイプの子は、話すのも聞くのも得意！ 会話を中心にキズナを深めよう☆

まわりから影響を受けすぎ！?

まわりの人に影響を受けやすいよ。友だちが悪いことをしているときは、注意しなきゃ！

第三者の言葉もきちんと聞こう！

友だちの意見に同調して、まわりが見えなくなることも。冷静に、第三者の意見も聞こうね。

ここに注意！

共感力が高いあまり、友だちのつらさや痛みを自分のことのように感じてしまう子。ささいなことで傷つきやすい一面もあるよ。

外向型 × 感覚タイプ のあなたは…

にんぎょひめ タイプ

大切なのは、自分と仲よくなること

いま、やりたいことをするの！

特ちょう

観察力が高く、まわりの変化を瞬時に感じ取れる子だよ。「今、楽しみたい！」という本能で突っ走って、リスクをおそれずに行動しがち。手先が器用な芸術家タイプでもあるよ。

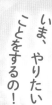

人づきあいのPOINT

何かを"体験"して
キズナを深めよう

何かをつくったり、休日レジャーに出かけて思い出を共有すると、友だちとの仲が深まるよ。

まわりの子を
振りまわさないで！

行動が早いあまり、まわりの子を気づかえず、振りまわしてしまうことが。冷静にね！

友だちを傷つける
発言に注意！

判断力があるから、おっとりしている子に「遅い！」とイライラしがち。気をつけて！

ここに注意！

スリルを楽しむタイプだから、好奇心で危ないことに首を突っこんじゃう!?　将来、ギャンブルにはまらないように注意しよう。

外向型×思考タイプ のあなたは…

ベル タイプ

よーし、みんな集まって！

特ちょう

感情より、論理的にものごとを判断するタイプだよ。その判断もとてもスピーディー！頭の回転が早い子が多く、責任感もあるから、リーダーを任されることが多いよ。

人づきあいのPOINT

人の話もきちんと聞いて！

頭の回転が早いから、ほかの子がついていけなくなりがち。まわりの意見もきちんと聞こう。

いっしょに勉強して仲よくなろう☆

勉強など、同じ目的に向かって友だちとがんばることで、キズナが深まりそうだよ！

ここに注意！

ルールを大切にするのは大事だけど、ときには友だちの気持ちや考えにも寄りそって。強引すぎると、ひとりよがりになってしまうよ。

勝ち、負けにこだわりすぎないで

負けず嫌いで、人との「勝ち」「負け」にこだわりがち。敵をつくりすぎないようにね。

アリスタイプ

大切なのは、自分と仲よくなること

あっ！いいこと
思いついちゃった♪

特ちょう

カンがするどく、ものごとの可能性を見出すのが得意！　アイデアを生み出して、どんどんひらめくことが多いから、まわりからは「天然」と思われることも多いみたい。

人づきあいのPOINT

自分を理解してくれる子を見つけよう！
思いつきをいっしょに楽しんでくれる、好奇心おうせいな子と相性ばつぐんだよ♪

相手にわかるように説明を！
ひらめきを実現するには、まわりにわかってもらえるように、きちんと説明しなきゃ！

一度はじめたことはやりとげよう！
友だちとはじめたことを途中で投げ出すと、信頼を失ってしまうよ。しんぼう強さをもとう。

ここに注意！
自分の頭の中だけでパパッと思いつくことが多いから、まわりは「？」とついていけなくなりそう。また、あまりがまん強くないタイプだよ。

内向型×感情タイプ のあなたは…

シンデレラ タイプ

悲しんでるなら
そばにいるわ…！

特ちょう

人の気持ちにびんかんで、正義感の強いタイプ。生まれた感情と、自分の心の中でじっくり向き合う子。何よりも「平和」であることを大事にするの。美的センスにすぐれているよ。

人づきあいのPOINT

えんの下の力持ち的な存在に！

気配りじょうずで、まわりの感情にびんかんだから、グループをかげで支える存在になりそう。

相手の気持ちに共感しすぎない

相手と自分の感情がごっちゃになりやすい一面も。感情移入はほどほどにしよう。

ときにはまわりに相談しよう

傷つきやすく、自分の内面に抱えこみやすいタイプ。ときには自分の気持ちも吐き出して！

ここに注意！

自分と他人の境界線があいまいだから、人の悲しみに共感しすぎたり、自分の気持ちを理解してもらえないことがストレスになるみたい。

かぐやひめ タイプ

経験はしっかり生かさなきゃ ♥

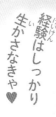

特ちょう

今までの経験や伝統、ルールを大切にしながら自分の行動を決めるタイプだよ。記憶力がよく、責任感もあるから、まわりからの信頼も厚い！　もの持ちがいいのも特ちょうだよ。

人づきあいのPOINT

みんなをまとめるしっかり者に！

グループで意見が分かれたときなどに、これまでの経験から意見をまとめる役割を担うと◎。

"変化"に気づいたら声をかけてみよう

友だちの変化に気づくのが得意。気落ちしている子には、「大丈夫？」って声をかけよう！

予期せぬ事態は友だちとのりこえて！

不測の事態を自分で解決しようとがんばってしまいがち。苦手なことは、友だちと解決しよう。

ここに注意！

過去の経験を大事にするあまり、ひらめきに頼った計画が苦手。アドリブにも弱く、予期せぬ事態が起こると、うまく対応できないよ。

雪の女王 タイプ

じっくり考えれば
まちがいないわ

特ちょう

ものごとをかなりクールに、客観的に見るタイプだよ。研究や分析など、"考える"ことが大好き。するどい意見でまわりをおどろかせることも多いよ。将来は研究者になるかも！

人づきあいのPOINT

じっくり考えて
判断させてくれる子が◎

ものごとの結論を出すのに時間がかかりがち。おっとりしている子と相性がいいよ。

クールすぎて
冷酷になっちゃう!?

客観的になりすぎて、友だちに冷たくなっちゃうことも。相手の気持ちを考えることも大事！

きちんと説明する
ようにしてね

考えをだれにも説明しないで突っ走ると、まわりは困惑しちゃうよ。説明をしようね。

ここに注意！

何に対しても、「ウソなんじゃないか？」と、疑ってみることが多いみたい。疑いすぎて、人を信じられなくなってしまうことも……。

内向型×直観タイプ のあなたは…

ラプンツェルタイプ

そうだわっ
わたしって天才♪

大切なのは、自分と仲よくなること

特ちょう

おもしろいことや、新しいアイデアを生み出すのが得意な、ひらめきの天才！　だけど、それを人に説明するのが苦手で、「孤高の天才」になりがち。周囲からは一目置かれそうだよ。

人づきあいのPOINT

人の話を聞く練習をしよう！

人の話をついスルーしてしまうことがあるみたい。「まず相手の話を聞く」を意識しよう！

自分のアイデアをしっかり説明しよう

友だちといっしょに何かをしたいなら、きちんと説明を。無理やりまきこもうとするのはNG。

アイデアをいっしょに楽しもう！

思いつきやアイデアは、まわりをまきこんでいっしょにとり組んだほうが、100倍楽しいよ♪

ここに注意！

自分のアイデアに自信があるから、まわりの意見をスルーしがち。友だちは「対等」なもの。人の話を聞かないと、親しくはなれないよ。

02 『わたし』について書きとめよう

「わたし」について 20コ書きとめてみよう！

自分を知る方法として、心理学では「20答法」が有効だと考えられているよ。これは、「わたしは」からはじまる文章を、20コ書くというとても簡単なもの！ 20答法を行うことで、自分でも気づかないような性格や、今の気持ち、悩みなどに気づくことができるんだ。

紙とペンがあればすぐにはじめられるよ。70〜71ページのシートに書きこむのも◎

20答法のルール

最初は当たり前のことを書きこめば OK

20答法では、「わたしは女だ」「わたしは小学5年生だ」など、当然に思えることを書きこんでも OK。それでも、20コ書くのは予想以上に大変だよ。

あまり考えすぎないで書いたほうがいい！

20答法では、あまり考えずに思いつくまま書いたほうがいいんだ。考えすぎると、「なりたい自分」をイメージして書いてしまって、本心とはずれてしまうからだよ。

2人で対面して受け答えするのもおすすめ

2人1組になって、相手の回答をもう一方がメモしていく方法もおすすめだよ。その場合、「1問あたり制限時間5秒で回答」などと決めるといいね。

じっくり考えると、自分をよく見せる答えを書いちゃうかも。考えすぎずに書くことが大切なんだね！

20コ書き終えたら、じっくり読みといてみよう

「わたし」について20コ書き終えたら、それをじっくり読みとこう。ここで注目して見てほしいのが、後半の回答。答えることがなくなってからのほうが、自分でも思ってもみなかった性格や悩みが出てくるものだよ。「社交的な性格だと思っていたけど、意外とニガテな子が多い」とか、「じつは傷つきやすい性格かも」とかね！

例

❶ わたしは　　女だ

❷ わたしは　　小学5年生だ

❸ わたしは　　長女だ

❹ わたしは　　ピアノが得意だ

❺ わたしは　　友だちと遊ぶのが好きだ

〜〜〜〜〜〜〜〜〜〜〜〜〜〜〜〜〜〜〜〜〜

⓯ わたしは　　チェック柄の服が多め

⓰ わたしは　　SNSがめんどう

⓱ わたしは　　AちゃんとBちゃんがニガテ

⓲ わたしは　　命令されるのが嫌い

⓳ わたしは　　絵を描くのが好きだ

⓴ わたしは　　かげ口が嫌いだ

❶ わたしは _____

❷ わたしは _____

❸ わたしは _____

❹ わたしは _____

❺ わたしは _____

❻ わたしは _____

❼ わたしは _____

❽ わたしは _____

❾ わたしは _____

❿ わたしは _____

⓫ わたしは _____

⓬ わたしは _____

⓭ わたしは _____

⓮ わたしは _____

⓯ わたしは _____

⓰ わたしは _____

⓱ わたしは _____

⓲ わたしは _____

⓳ わたしは _____

⓴ わたしは _____

自分を知る

03

寝姿から自分の
本音をチェック！

どんな風に寝ているかで本音がバレちゃう！？

じつは、寝ているときの姿には、「性格」と、そのときの本音が表れると考えられているの。朝起きたら、自分がどんなかっこうをしているかチェックしてみて。または、ここで紹介する10パターンのイラストから、いちばん落ちつく寝姿を確認するのでもOK。深層心理から、友だちとのつき合い方もわかるよ。

10パターンの
寝姿を紹介するぞ。
いちばん近いものを
チェックだ！

寝姿で診断してみよう

横向きで丸くなる

自分のカラにとじこもりがちなタイプ。「だれかに守られたい」という気持ちが強いん。ヒミツを守れるから、友だちからの信頼はばつぐんかも。じつは、41％もの人がこの寝姿なんだって！

横向きでひざを軽く曲げる

左右に自由に寝返りを打てる寝姿だから、バランスがとれていて、気持ちも落ちついていることがわかるよ。ストレスをためこまず、友だちに対して言いたいことを言える子！

うつ伏せになる

まじめで、しっかり者。約束の時間もきっちり守れるよ！ ただ、まわりにはロうるさいと思われているかも。

あおむけで寝る

「王者型」とも呼ばれ、寝姿の通り、自分に自信がある子。かくしごともせず、いつも自然体でいるよ☆

うーん。わたしは、「横向きで丸くなる」か、「横向きでくるぶしを重ねる」ことが多いかなぁ…。

横向きでくるぶしを重ねる

くるぶしのところで足を重ねているのは、今、人間関係でストレスを抱えている可能性が高そうだよ……！

ひざをついて腰を持ち上げる

かなりめずらしい寝姿。眠りが浅くて、ストレス大。ちょっぴり攻撃的な傾向があるよ。

胸の上に手をおく

あおむけで胸の上に手を置くのは、体を守ろうとする気持ちが強いの。体調面でつかれを感じているのかも。

ふとんなどに足をからませる

「何かを求めている」みたい。理想が高くて、現実とのギャップのちがいに悩んでいる可能性もあるよ。

あおむけでひざを立てる

ちょっぴり短気な性格。ものごとを切り替えるのがニガテで、失敗を引きずったり、くよくよ悩みがち。

ふとんを顔までかぶせる

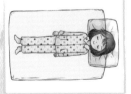

顔までふとんをかぶる寝姿は、ものごとを考えすぎてしまう子に多いよ。落ちこみがちな性格かも？

自分の好きな
ものを知ろう

　15ページで、「目的や興味（好きなもの）がいっしょの子と親しくなりやすい」という話をしたよね。でも、自分の好きなものって本当にわかっている？　好きなものは、マンガ、音楽、テレビ番組など多岐にわたるし、自分の気持ちより、流行やトレンドにも左右されやすいんだ。

　好きなものを正確に知ることは、自分自身について理解を深めることにもつながるから、一度しっかり"好き"を考えてみよう。

わたしの好きなもの、かぁ。犬、読書、動画配信を見ること、雑貨を手づくりすることとと、あとは……。

さっき紹介した「20答法」からでも、好きなものはわかるのだ！　でも、それ以上におすすめなのが、自分の「好きマップ」をつくることなんだぞ♪

えっと、好きマップ？　「好き」の地図を書くってこと？

好きマップをつくってみよう

自分の「好き」を整理するには、「好きマップ」をつくるのがおすすめだよ♡　好きマップとは、名前の通り、自分の好きなものを整理した地図（マップ）のようなもの。紙とペンがあれば簡単に書けるから、さっそく挑戦してみよう！

好きマップは、数か月に一度書き直すのもおすすめ。そうやってアップデートすることで、自分の好きの変化や、「ずっと好きなもの」がわかって楽しいよ♪

好きマップがあると…

初対面の子との話のきっかけになる！

好きマップを初対面の子に見せることで、「わたしもこれ好き！」「これ何？」なんて、話のきっかけができるの♪　興味を共有できるから、話がどんどんふくらむはずだよ♥

自分の好きなものが明確になる！

好きなものは、意外と自分でもわかっていないもの。でも、好きマップを書くことで、意外な「好き」がわかったり、まわりの意見に左右されない本当の「好き」が見えてくるの♪

今いる友だちをもっと深く知れる！

仲のいい友だちといっしょに、「好きマップ」をつくってみよう。好きマップを交換することで、相手の興味をより深く知れるし、意外な共通点が見つかるかもしれないよ★

仲のいい友だちと「好きマップ」を交換するの、楽しそう！　今度ことねやめありとやってみよう～♪

好きマップは自由に、好きに書いてOK！ 78～79ページのシートを使うか、白紙に書きとめてみよう。このページでは、白紙に書く方法を紹介するよ。

好きマップの書き方

STEP 1

まず中央に自分の名前を書こう

まず、紙の真ん中に自分の名前を書いて、そこから好きなものを広げるように書くと、きれいに書けるよ！ 誕生日やイラストをいっしょに書くのも GOOD ♡

好きマップのカテゴリは、下の一覧を参考にしてみよう♪

STEP 2

カテゴリを書き出そう

好きなものをただ書き連らねるより、まず「カテゴリ」を書いたほうが、見やすいし、意外な"好き"が見つかりやすくておすすめ☆

好きマップに書くこと

♥ 教科	♥ アイドル	♥ アクセサリー
♥ 食べもの	♥ モデル	♥ 動物
♥ 飲みもの	♥ お笑い芸人	♥ キャラクター
♥ スポーツ	♥ 映画	♥ 家での過ごし方
♥ 音楽	♥ ドラマ	♥ スポット
♥ 小説・マンガ・雑誌	♥ ゲーム	♥ キャラクター
♥ アニメ	♥ 柄	♥ 動画配信者
♥ 俳優・女優	♥ ブランド	など

STEP 3

好きなものを書いてみよう

カテゴリごとに、好きなものをどんどん
書いていこう！ 思いつくもの、ことを
どんどん書きとめていくと、にぎやかで
楽しいマップになるよ♪

> おすすめポイントも
> 書いてみよう

> カラーペンを
> 使ってかわいく♪

好きマップの例

『○○△△××』
『××○○□□』
JSが主人公の
アクション！おもしろいよ〜

マンガ

算数は
ちょっとニガテ…

教科

国語、体育、
音楽♪

動物

だいすき♡
動物園によく行くよ
○犬!!
○パンダ ○カピバラ

犬かってるの—
サクラっていうんだよ

20××年 ○月△日生まれ

モネの好きマップ

食べもの
○ハンバーグ
○ビーフシチュー

ハンバーグは
チーズのせが
いちばん好き♡♡

ゲーム

オンラインゲームの
『ファイブナイト』
You TUBEで
○○さんが実況
してるよ！

スポーツ
○バレーボール
○ドッジ ボール
○バスケットボール

球技が好き♡
マラソンはニガテかも…

飲みもの
○タピオカ
　ミルクティー
○メロンソーダ

○○ってお店が
おすすめなの—♡

ブランド

大人っぽい
ブランドが好き♡
○JS LOVE
○CHOCO

新作のワンピース おねだり中

ママに

書いてみよう

代表的なカテゴリを
まとめた、好きマップを
書くシートだぞ★

♥教科

♥食べもの

♥音楽

♥飲みもの

♥映画・ドラマ

♥スポット

誕生日 _____

似顔絵を描こう

 の好きマップ♥

♥

※自由なテーマで書いてみよう

79

自分のことを大切にしよう

自分のことをいちばん好きになろう♥

　失敗をしたり、思うように行動できなかったりして「わたしなんて」って思うことはだれにでもあるよね。このレッスンの最初でも伝えたけど、人間関係の基本は、「自分と仲よくなる」こと。自分のことをいちばん大切に思えなければ、友だちといてもモヤモヤしっぱなしだよ。自分のことを好きで、大切にできるからこそ、友だちとも対等につき合えるんだ！

わたしなんて…

自分を好きになると…

自分を好きになると、どんなにいいことが起きるか紹介するのだ♪

自分を勇気づけられる！

失敗をしたり、コンプレックスを感じたりしても、「でもわたしにはこんなにいいところがある！ またがんばろう！」と、自分で自分を勇気づけられるようになるよ♪

ダメな自分を受け入れられる！

自分のことが嫌いだと、ダメな部分に対して「見たくない！」とふたをしがち。自分のいいところも悪いところも好きになって、ダメな自分を受け入れることで、改善につながるはず★

ポジティブでいられる！

自分の可能性を信じられるようになれば、ものごとに対してポジティブになれるよ♪ 前向きな子のまわりには、同じように明るくて前向きな子が集まってくるものだよ。

自分を大切にするために 01

失敗を"いいこと"だと思おう

大切なのは、自分と仲よくなること

失敗すると、だれでもどんよりへこんでしまうよね。でも、失敗は決して悪いことじゃない！「失敗は成功のもと」という言葉が表すように、失敗はチャンスだよ。失敗をうまく生かすことで、自分自身の成長や、次の成功につながるんだ。

失敗したら、なぜうまくいかなかったのか、思い返して理由を探してみよう。次、同じことをしなければいいんだよ♪

次こそは……っ！

失敗がすてきな3つの理由

理由1
失敗したってことはチャレンジした証！

なぜ失敗したんだと思う？ それは、あなたが「チャレンジ」したから。勇気をもって行動できた自分を、めいっぱいほめてあげよう。

理由2
失敗したからこそ次は成功できる！

なぜ失敗したかをふり返れば、改善すべき点がわかるよね。改善ポイントがわかったということは、未来の成功に近づいたということだよ♪

理由3
意外な自分を発見できる!?

なぜ失敗したかをふり返る時間は、自分を見直す時間にもなるよ。その時間に、「勇気をもてた自分」や「努力できる自分」を見つけられるはず！

失敗って、悲しかったり、自分が嫌になるものだと思ってた……。失敗が嫌で、挑戦できなかったなぁ。これからは失敗を恐れずに、新しいことにチャレンジできそう！

02 自信をもっための考え方は…

自分に自信がもてないという子は、たくさんいるんじゃないかな？　じゃあ、どうして自信がもてないんだと思う？　それは、「自分とまわりをくらべてしまうから」なんだ。

他人は、当然だけど自分とちがう人。得意なことも、過ごす時間も異なるよね。それなのにまわりとくらべて「自分なんて」とへこんだり、「わたしのほうがすごい！」と考えるのは、意味のないことなんだよ。

世の中には、たくさんの人がいるのだ。人とくらべてばかりだと、どんどん自信がなくなっちゃうぞ！

自信がもてないのはまわりとくらべるから！

ピアノをひけるようになるぞー！

みんなじょうずでついていけない…

あの子より先に難しい楽譜に進んだ！

コンクールであの子に負けちゃった

人とくらべると、こんな風にいろんな子との差が気になって、自分の成長に気づけないのだ。"自分"ではなく、人ばかりと向き合うことになるぞ。

自信をもつために過去の自分と比較！

大切なのは、自分と仲よくなること

過去の自分とくらべて、"どれだけ成長できているか"を考えてみるのだ！ 思うように成長できなかったのなら、「新しい友だちができた」とか、「新しい興味がもてるようになった」とか、ちょっとしたことでも OK だぞ！

こんなに
ひけるように
なったよ♪

どんどん
難しい曲も
ひけるように！

ピアノを
ならいはじめた

コンクールに
出られるくらい
実力がついた！

新しい楽符を
ひけるように♥

自分と比較することで…

過去の自分とくらべてどれだけ成長できたか、できることが増えたかを知ると、ハッピーな気持ちになれるよね♪ すると、自分を好きになれるし、自信もつくんだ。自分と向き合う時間をつくることで、成長できる機会もグッと増えるよ♪

くらべる相手を変えるだけで、
気持ちが全然変わるんだ…！

03 抱えこまなくていいんだよ

責任感があるって、とってもすてきなこと！ でも、「絶対にわたしがやらなきゃダメだ！」とがんばりすぎると、疲れてしまうし、いつかパンクしてしまうよ。「お願いをすると嫌がられるんじゃ……？」と不安になるかもしれないけど、大丈夫！ 32ページでも紹介したように、心理学では、頼みごとをされると相手を好きになるなんていうデータもあるんだ。抱えこみすぎないで、ときには人を頼ってみよう。

助けてもらうときのPOINT

「察して！」は無理！！
相手はエスパーじゃないから、何も言わなければ、自分が困っていることは伝わらないよ。助けてほしいことを、きちんと言葉で伝えよう。

お願いは具体的に
どんなふうに手を貸してもらいたいのか、具体的にお願いしよう。「大変だからとにかく助けて！」では、相手も何をすればいいかわからず困ってしまうよ。

かならずお礼しよう
助けてもらったら、かならずお礼を言おう。そして、その子が困っているときは、自分が率先して助けてあげようね♪

04 ダメなところを受け入れよう

自分を大切にするために

LESSON 2

大切なのは、自分と仲よくなること

「自分の全部が大好き！」という人は少ないんじゃないかな？　どんなにキラキラしている子でも、コンプレックスはあるものだよ。

でも、「ダメ」って、決していけないことではないんだ。失敗も同じだけど、「ダメ」って思うから成長できるんだよ。自分のダメを受け入れて、バッチリ攻略することで、さらにすてきな自分になれるはず！

自分のダメを攻略する3STEP

STEP1
どうしてダメなのか考えてみよう

自分自身に「ダメ」と思うところがあるのなら、どうすれば直せるのか考えられるよね。へこむ気持ちは、成功へのハードルだと、前向きに考えよう！

STEP2
小さな目標を立ててみよう

大事なのは、いきなり大きな目標を立てないこと。「心友以外の子2人と話す」「本を2ページ読む」など、達成できるくらいの小さな目標を考えてみて。

STEP3
成長した自分をほめよう！

STEP2で立てた小さな目標でも、達成できたら自分をたくさんほめよう！　そうしたら、次はもう少しステップアップした目標を考えてみてね。

いきなり「クラスのみんなと会話する」とか、「1日1時間勉強！」なんて目標を立てると、達成できずに余計にへこんでしまうぞ。「小さな目標をひとつずつ達成する」ことが重要なのだ！

05 『ほめ日記』をつけてみよう

　自分のことを好きになって前向きになれる、とっておきのテクニックを紹介するよ。それは、「ほめ日記」をつけること。これは名前の通り、自分のことをほめまくる日記！自分の内面や行動、成長、努力など、自分の何がよかったか、書いてみよう。「脳科学」の分野でも、人はほめられると、脳が喜んで活性化されることがわかっているんだ！

ノートとペンを用意して、まずは1週間はじめるのだ。どんどん自分に自信がつくはずだぞ♪

こんな風につけよう

○月△日（月）
今日は、ほのかちゃんとはじめて会話！　自分から話しかけたわたし、えらい♪　ほのかちゃん、『○○』ってマンガが好きみたい。わたしも読み返そう！

POINT
自分ががんばったことといっしょに、友だちの情報を書いておくと、次に話すときにも忘れないよ♪

○月×日（火）
お母さんのお手伝いを自分からした。ぎょうざを包むのが前よりずっとうまくなっていてほめられちゃった♥　成長している自分すごいぞ！

POINT
当たり前のことだって、自分ががんばったなら書いちゃおう！ちょっとした「ほめ」も、自信につながるよ♪

○月□日（水）
習いごとで疲れてたけど、ちゃんと宿題を終わらせた！　がんばり屋さんだぞ、わたし！

LESSON
3

いろいろな
感情と
向き合おう

にこ遅いっ！

……

う、うんっ

なぁことね、
赤ペン貸してくれよ〜

ほかの子に
借りれば〜？

プイッ

あっこれ
クラスの子だ

わたしのほうが
おしゃれなのに

テ系JSの
るふわワンピ

JS照自自自

ああもう…

わたし最近
イライラして
ばっかりだ

人にもあたって
最低だよ…

ことねは自分の
感情とつき合うのが
苦手なんだなぁ…

わっ!?
だ、だれ!?

ぼくはフレン
自分がいけないんだって
わかっているのに、
つい人にあたっちゃう
のかな?

さっ涙を
ふいて

そうなの…
こんな自分
ほんとはイヤ
なのにっ

その「感情」
どうすれば攻略できるか
教えるぞ!

"感情"って なんだろう?

感情は感覚や思考に関係する

感情というのは、わたしたちがものごとに対して抱く気持ちのこと。喜び、怒り、悲しみ、楽しみなど、いろいろな種類があるよ♪ 感情は自分の意志に関係なくわいてくるものだけど、多くは「感覚」や「思考」に関わっているんだ。たとえば、おいしいものを食べているときに幸せな気持ちになったり、苦手な授業のことを考えて不快な気持ちになったり。これらは感覚や思考から生まれた感情だといえるよ!

生まれた感情は 無理におさえこまなくてOK!

人間が感情を抱くのはごく普通のこと。ネガティブな感情をもったからといって、それを無理やりおさえこむ必要はないよ!感情をおさえ続けるとストレスがたまり、いつか大爆発しちゃうかも。感情とはじょうずにつき合うことが大切なんだ。

感情をおさえこむ ⬇ ストレスがたまる ⬇ 大爆発

感情とじょうずにつき合う方法

感情にふりまわされることなく、自分らしく
いられる方法を知っておこうね！

なるべく早く 手放す

ポイッ

感情をおさえこむ必要はないけれど、長い
間ひとつの感情にとらわれてしまうのも考
えもの。ポジティブな感情でもネガティブ
な感情でも、早めに手放してしまうことを
おすすめするよ。気持ちの整理をすること
で、スッキリした気分になりそう♪

人の感情を 吸収しない

ときどき、感情をうまく手放すことができず、まわりの
人にやつあたりしてしまう人もいるんだ。そんな人の感
情を吸収してしまうと、自分まで悲しい気持ちに……。
ほかの人の感情は必要以上に吸収しないようにしてね。

ときには正面から 向き合う

簡単に手放せないような大きな感情にとら
われてしまったときは、その感情がどこか
らきているのか探ってみよう。ひとつの感
情の裏には、別のたくさんの感情がかくれ
ていることがほとんど。全部紙に書き出し
て向き合ってみるのがおすすめだよ。

感情&性格イラスト大百科

みんなの心の中にある感情や、もって生まれた性格には名前がついているんだ♪　それぞれの持ちょうと、じょうずにつき合うための「攻略ポイント」を紹介するよ!

あこがれ　POSITIVE

あの人ってすてき♥

自分の理想である人やものに対して、強く心がひかれること。あこがれの感情は努力のきっかけにもなるので、自分にとってよい影響を与えてくれることまちがいなしだよ♪　あこがれの気持ちがあれば、運動も勉強もがんばれちゃいそう!

攻略ポイント もしもあこがれの人がいるなら、その人のすてきなところをマネしてみよう。ただし、あこがれの気持ちが嫉妬に変わらないように注意してね!

あせり　NEGATIVE

どうしよう～

あせりは、ものごとが思うように進まず、落ちつかなくなる感情のこと。自分の目標や期待と、今の状態の差が大きいときに生まれてくる感情なんだ。あせりに支配されて自分のペースが乱れると、いつもはしないようなミスをしちゃうことも……。

攻略ポイント 深呼吸をしたり、温かい飲みものを飲んだりして、気持ちを落ちつかせよう♪　自分のペースを取り戻せば、あせりの感情もおさまりそう!

いいかげんにしてよね！

〔怒り〕

NEGATIVE

ほかの人や自分に対して腹を立てる気持ちのことだよ。怒りの感情の奥には、ほかのたくさんの感情がひそんでいるケースがほとんど。怒りの感情が大きくなると、人やものにやつあたりしてしまうこともあるので気をつけよう。

攻略ポイント 怒りの感情は、自分を説得しながらコントロール♪ 怒りを解消する方法を考えたら、怒りをしずめるために心の中で自分を説得してみよう。

〔意気地なし〕

NEGATIVE

ぼくには無理だよ…

困難なことをやりとげるだけの気力や、苦しいことにたえる元気がない人のことを「意気地なし」というよ。意気地＝やりとげる気力のこと。はじめたことをすぐ放り出してしまったり、何かと言い訳して逃げてしまったりすることも！

攻略ポイント 意気地なしな性格を変えたいなら、まずは小さな目標からひとつずつクリアしていこう！ 成功する体験を積み重ねながら、少しずつやる気をアップさせてね♪

やーいやーい！

〔いじわる〕

NEGATIVE

自分以外のだれかに対して悪口を言ったり、嫌がらせや仲間はずれにしたりすること。いじわるな感情は自分の心の弱さから生まれることが多いよ。ほかの人を攻撃して、むしゃくしゃする気持ちをスッキリさせようとしているんだ！

攻略ポイント いじわるな性格はなおすのがちょっと大変。ほかの人に攻撃的な気持ちになったときは、自分がそれをされたらどんな気分になるかを考えてぐっとこらえよう。

エッヘン

〔 いばる 〕

王様のようにふるまって、まわりに対してえらそうにすること。この感情は、「なめられたくない」「いちばんでありたい」という思いから生まれるの。いばっている人がいると、その場の空気が盛り下がってしまうので、まわりは大迷惑！

攻略ポイント 上から目線でものを言ったり、えらそうな態度をとったりするとまわりの反感をかってしまうよ。人にお願いするときは、礼儀正しくていねいな態度で★

〔 いやし 〕

つらいことや苦しいことがなくなって、心がおだやかになること。お風呂でくつろいだり、かわいい動物を見たりしたときに「いやされる」と表現することがあるよね。心がポカポカあたたまって前向きになれる、ポジティブな感情なんだ♪

ぽわわ〜ん

攻略ポイント 思いやりの気持ちを言葉にすることで、まわりの人にもいやしを与えられるよ♥ はげましの言葉や、体調を気づかうような言葉が効果てきめん！

イライラ

まったくもう！

〔 イライラする 〕

植物のトゲのことを「イラ」と言うよ。ものごとがうまくいかなくてとげとげしい気持ちになることを「イライラする」と表現するんだ。時間をおくと少しずつおさまるけど、長時間続くとストレスがたまって心がつかれてしまうかも……！

攻略ポイント イライラがわいてきたら「ストップ！」と大きな声を出してみて。この一言で気持ちがパッと切りかわり、イライラがおさまっていくんだとか！

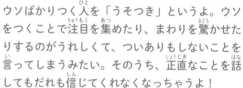

うそつき　NEGATIVE

ウソばかりつく人を「うそつき」というよ。ウソをつくことで注目を集めたり、まわりを驚かせたりするのがうれしくて、ついありもしないことを言ってしまうみたい。そのうち、正直なことを話してもだれも信じてくれなくなっちゃうよ！

攻略ポイント 会話のときに相手の顔をよく見たり、メッセージを送るときに相手の姿を思い浮かべたりしてみて。相手のことを意識すると、ウソをつきにくくなるんだって！

まぁウソだけど～

疑う　NEGATIVE

ものごとに対して、それが本当に正しいのかあやしむこと。情報を簡単に信じず、慎重に考えることは、自分の身を守るために必要なことでもあるね。だけど、大切な人のことまで疑ってかかると、信頼関係にヒビが入ってしまうかも！

攻略ポイント 友だちや家族の言葉は、疑うよりも信じてあげることが大切。まずは相手のことを信頼し、すてきな関係を築けるように努力してみよう★

うーんあやしい…！

おおざっぱ　NEGATIVE

細かいことを気にせず、自分の感覚でものごとを進めることだよ。大まかな構想や大胆なアイデアを考えるのは得意だけど、細かい計画を立てるのは苦手みたい……。まわりの人からは、「ツメが甘い」なんて思われているかも！？

テキトーでいいじゃん

攻略ポイント 計画から実行にうつす前に、やらなければならない作業の順番を決めてみよう。順番通りにきちんと作業をこなしていけば、うっかりミスをへらせそう！

そんなの無理だよ…

おくびょう

NEGATIVE

おくびょうな性格の人は、新しいことになかなかふみ出せない傾向が。いざというときに、あれこれ考えすぎてチャンスを逃してしまった経験がある人も少なくないはず。一方、失敗を防ぐために念入りに準備する、がんばり屋さんともいえる！

攻略ポイント チャンスがめぐってきたら、「失敗してもなんとかなる！」と考えてみて。それもダメなら、家族や友だちに背中を押してもらえるようお願いしておこう♪

おしゃべり

NEGATIVE

ウワサで聞いた話で～

ウワサ話が好きで、それをまわりの人に言いふらすこと。コミュニケーションのスキルは高いけど、「おしゃべりな人」というのはネガティブな意味で使われることが多いよ。口が軽いとまわりからの信用がなくなっちゃうから注意して！

攻略ポイント だれかを傷つけたり、恥をかかせたりするおしゃべりはNG！　学校のことやハマっていること、テレビやアイドルなど、楽しい話題で盛り上がってね♪

うんうんいいよ～

おひとよし

POSITIVE

人の言うことをすぐに信じて受け入れてしまう、やさしい性格のことだよ。人を疑わないので、だれかに利用されたり、だまされたりすることも。強い態度をとられると、本当は嫌なのについ引き受けてしまうこともあるみたい。

攻略ポイント 純粋なのはいいことだけど、自分の気持ちにウソをつかないようにしよう。ずるい友だちに利用されないように、嫌なことは嫌だと主張することが大切！

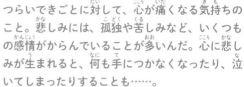

悲しみ　NEGATIVE

つらいできごとに対して、心が痛くなる気持ちのこと。悲しみには、孤独や苦しみなど、いくつもの感情がからんでいることが多いんだ。心に悲しみが生まれると、何も手につかなくなったり、泣いてしまったりすることも……。

攻略ポイント　いやし（94ページ）を感じることで、悲しみはやわらいでいくよ。おいしいものを食べたり、たっぷり眠ったりして、ゆっくり元気をチャージしていこう。

がまん　NEGATIVE

苦しいことや悲しいことがあっても、辛抱して続けようとする気持ち。自分の成長や未来につながる意味のあるがまんと、時間や体力をムダにするような意味のないがまんがあるよ。どちらもしすぎると、強いストレスになるから要注意！

攻略ポイント　自分の中で「ひとつがまんしたら、ひとつOKにする」など、ごほうびをつくると◎。こうすることで、がまんも楽しくのりきれちゃいそう！

がんこ　NEGATIVE

自分の考えが正しいと信じて曲げない、石のような性格のこと。こだわりが強く、かたよった考え方をするので、人の意見をすなおに聞くことが苦手だよ。自分のまちがいをなかなか認められず、失敗してまわりの足をひっぱっちゃうことも！

攻略ポイント　自分が正しいと思っていても、押し通すのは迷惑かも。まわりの意見を尊重して聞き入れられるようになれば、視野がどんどん広がっていくよ♪

いろいろな感情と向き合おう

LESSON 3

97

お・ね・が・い

期待する POSITIVE

自分の理想の未来を強く願うこと。期待は、「こうなりたい！」という前向きな気持ちだから、期待をすればするほど、理想の未来をかなえるためのパワーになるんだ。まわりからの期待も「それに応えたい」というやる気になるの♪

攻略ポイント 期待することでモチベーションがアップしたなら、すぐに行動にうつそう。たとえ苦しいことがあっても、やる気と勢いでのりきれるはず★

気まぐれ NEUTRAL

そのときの気分にしたがって、思いつきで行動しちゃう人のことだよ！　無計画だったり、考えがすぐに変わったりして、まわりの人をふりまわしがち。だけど、そんな自由な発想力から「アイデアマン」として頼りにされることもあるよ♪

お散歩しよ〜

攻略ポイント 気まぐれは、裏を返せば好奇心おうせいともいえるよ！　自分が興味のあるジャンルをたくさんリストアップして、ひとつずつ挑戦してみよう♪

イヤ！

やめて！

嫌い NEGATIVE

特定の人やものを好きになれない、イヤな気持ち。この感情は自分を傷つけたり、不快にさせたりしたものに対して生まれるよ。一度嫌いという気持ちが芽生えてしまうと、克服するには長い時間や訓練が必要になりそう……！

攻略ポイント 嫌いなものがあるのはかならずしも悪いことじゃないよ！　どうしても好きになれないものはだれにでもあるから、無理せず気長に向き合ってみて。

ドキドキドキ…

緊張 〈きんちょう〉

NEGATIVE

これから起こるできごとへの不安で、心と体がこわばることだよ。はじめての挑戦や苦手なことに対して感じることが多く、自分の力を十分に発揮できなくなることも！ 一方で、適度な緊張は集中力を高めるから、プラスになることもあるよ♪

攻略ポイント ふだんから小さなことでも積極的に取り組んでみよう。いろいろな場面での緊張を経験して、少しずつ慣れていくことで、だんだん緊張しなくなるよ！

軽蔑 〈けいべつ〉

NEGATIVE

うわぁ…！

相手が自分より劣っていると決めつけ、バカにしたり、見下したりする感情のことだよ。軽蔑する気持ちは人から聞いた話や思いこみだけで生まれることも多いので、前もって判断せずに相手のことを正しく見てあげるようにしよう！

攻略ポイント 「いいところ探し」をしてみよう。人それぞれにすてきなところがかならずあるから、それをちゃんと尊重できると、自分の成長につながるはず★

後悔 〈こうかい〉

NEGATIVE

〈〈〈〈

もっとできたはずなのに…

「あのとき、ああすればよかったな」と、あとからクヨクヨ悩んでしまう気持ちを「後悔」というんだ。失敗を恐れて行動ができなかったことに対して自分を責めてしまう感情なので、すればするほど自分を追いつめることに……。

攻略ポイント どんなに後悔しても、過去を変えることはできないよ！ 過ぎたことはしょうがないと割りきって、後悔した経験を次に生かす考えにシフトしよう。

個性的（こせいてき）　POSITIVE

その人だけのいいところが目立っているようす。「個性」は人とはちがう、その人ならではの性質のこと。自分に自信をもっている人はほめ言葉としてうれしく感じるけど、あまり自信がない人は「指摘された」と感じてしまうんだとか。

攻略ポイント　まわりに個性的だと言われたところは、人より目立つすてきな部分ってこと！　それは自分の強みとして、のびのび広げていけるとGOOD★

変わってるってほめ言葉だよね？

コンプレックス　NEGATIVE

ものごとや人に対して、自分が劣っていると感じる気持ち。正確には「劣等コンプレックス」というよ。この気持ちは、あこがれや嫉妬から生まれることが多いみたい。大きくなりすぎると、自分のいいところが見えなくなっちゃうかも！

攻略ポイント　コンプレックスを克服するための努力が、人を成長させることもあるよ。あこがれを抱くものがあるなら、それに近づけるようにがんばってみよう♪

サラサラヘアがうらやましい！！

罪悪感（ざいあくかん）　NEGATIVE

自分の失敗や行動によって人を傷つけてしまったときなどに、申し訳なくて心が苦しくなることを「罪悪感」というよ。純粋な人がもつ正しい感情だけど、罪悪感にとらわれすぎると、なんでも自分が悪いと思いこむようになっちゃうかも。

攻略ポイント　申し訳ないことをしちゃったときは、すなおにあやまればそれでOK。きちんと反省をしたなら必要以上に悩む必要はないよ。気持ちを早めに切りかえよう！

ひどいことしちゃったな…

〔 さびしい 〕 NEGATIVE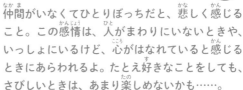

仲間がいなくてひとりぼっちだと、悲しく感じること。この感情は、人がまわりにいないときや、いっしょにいるけど、心がはなれていると感じるときにあらわれるよ。たとえ好きなことをしても、さびしいときは、あまり楽しめないかも……。

しょんぼり

攻略ポイント まわりに対して壁をつくっていると、さびしさを感じやすくなるんだって。周囲の人に積極的に話しかけて、楽しい雰囲気づくりをしよう！

〔 ざまあみろ 〕 NEGATIVE

人より成功したときや、だれかが失敗したときにいい気味だと思うこと。この感情は、相手を意識しているほど起こりやすく、知らない人や親しくない人に対しては起こらないよ。気づかぬうちに相手をライバル視しているのかもしれないね。

あっかんべーっ

攻略ポイント この感情が生まれても、口にするのはダメ！相手を傷つけてしまうかもしれないよ。トラブルを防ぐためにも、心の中だけにとどめておこう。

〔 自意識過剰 〕 NEGATIVE

自分が人からどう思われているのか、人の目にどう映っているのかを必要以上に気にすることを「自意識過剰」というよ。自分をよく見せるためにウソをついたり、鏡で髪型をひんぱんにチェックしたり……なんて人は自意識過剰なのかも!?

今日もかわいい♡

攻略ポイント 鏡を見ながら、にっこりスマイルを練習しよう！すてきな笑顔を武器にできれば、自分に自信がついて、どんなときも自然体でいられるはず♪

ぼくのことはいいから！

〔自己犠牲〕 NEUTRAL

大きな目的をはたすために、自分の時間や力を犠牲にしてでも尽くそうとする気持ちのこと。この感情は思いやりからわいてくることが多いよ。また、人に対しての同情や、目的をはたせなかったときの罪悪感から自分を守るものでもあるんだ。

攻略ポイント 自己犠牲の感情をもって人のためにがんばると、認められなかったときに悲しい思いをしてしまうよ。人のことだけでなく、自分のことも大切にしてあげて。

〔自己顕示欲〕 NEGATIVE

目立ちたい一心で、自分のことをアピールしたくなる感情のことだよ。注目されたいという思いはみんなもっているものだけど、それが強すぎると、ウソをついたり、人をおとしいれたりしてしまうようになるから注意が必要なんだ。

この角度映えそう〜♥

攻略ポイント 自分のアピールのためのウソが、かえって自分のイメージを下げているかもしれないよ！ 自然な姿がいちばんすてきだってことを忘れないでね★

〔自己正当化〕 NEGATIVE

わたしは悪くないデス

自分が原因の失敗を、人やまわりの環境のせいにすることを「自己正当化」というんだ。自分に味方することも、ときには必要だよね。だけど、失敗のたびにまわりのせいにしていると、同じ失敗を何度もくり返すようになってしまうよ！

攻略ポイント つい人のせいにしたくなっても、自分の失敗から逃げないことが大切。きちんと反省してあやまれば、次はもっといい方法が見つかるかもしれないよ♪

わたしにまかせて！

〔自信〕 POSITIVE

自分のスキルや見た目に対しての強い信頼は「自信」としてあらわれるよ。これは、なりたい自分を目指して行動したり、努力をしたりすることで少しずつ身についていくもの。自信がある人は、キラキラしていて頼りにされることも多いんだ♪

攻略ポイント 自信をつけたいときは、そのことが得意な人の話を聞いてみて。その人になりきって問題を解決することをイメージすると、苦手意識が自信に変わっていくよ！

〔知ったかぶり〕 NEGATIVE

よく知らないことに対しても、知っているふり。こんな性格の人は、自分はもの知りだからまわりから尊敬されたいと思っているんだ。知識を自慢したくて、ほかの人どうしの会話に割って入ったり、会話を横取りするなんてことも！

攻略ポイント まわりの人からよく思われたいときでも、知らないことまで知ったふりをするのはNG。それよりも、自分の知識をどんなふうに生かせるかを考えよう！

あーそれね！もちろん知ってる

あの子ばっかりずるい……！

〔嫉妬〕 NEGATIVE

ライバルや友だちが自分よりいい結果を残したとき、すなおに認められずモヤモヤしたり、敵対心をもったりすること。相手をうらやましく思っているほど強くなりやすく、エスカレートすると、いじめや暴力に発展してしまうことも……。

攻略ポイント 「うらやましい」という感情を、「自分はこうしよう」という向上心に変えていこう。自分自身のペースをくずさないことが、成長のカギだよ♪

別に興味ない

消極的　〈しょうきょくてき〉 NEGATIVE

進んで行動したり、取り組んだりしない性格のこと。消極的な人は自分に自信がないことが多く、考え方もマイナス思考になりがちなの……。まわりからほめられたり認められたりした経験が少ないことが原因ともいわれているよ。

攻略ポイント 「いつもならこうするだろう」と思ったことの、逆の行動を心がけてみよう。思いきった行動が、自分を変えるきっかけになりそう！

しらける NEGATIVE

あ～あ、つまんない

その場の空気が冷めて、盛り下がってしまうことを「しらける」というんだ。明るい話題の会話をしているときに急に悲しいことを言ったり、関係ないことを言って気まずいムードにしちゃったり。そういう言動は、みんなをしらけさせちゃうよ。

攻略ポイント 明るいムードのときはめいっぱい楽しんで、悲しいムードのときは、まわりへの思いやりを大切に。その場にあった空気づくりを意識しよう。

慎重　〈しんちょう〉 NEUTRAL

気をつけなきゃ…

「慎重」は、注意深い性格のことだよ。何かをはじめる前に準備や下調べをしっかりするから、失敗が少ないのはいいところ♪　責任感が強いしっかり者が多いので、計画を完ぺきにこなそうと、熱くなる一面もあるんだとか！?

攻略ポイント 慎重すぎると、思いきった行動ができなくてストレスを感じてしまうかも！ 「少しの方向転換ならOK」くらいに、気をゆるめてみてはいかが？

頼りにしてるぜ！

信頼　POSITIVE

相手を信じて、頼りにする気持ちのこと。信頼は、ピンチを救ってもらったり、やさしくしてもらったりした人に恩を感じているときにわいてくる感情だよ。信頼関係を築いた人どうしは、困ったときに支え合える強い味方になるんだ！

攻略ポイント 人から信頼されるには、いつも正直でいることが大切。だれにでもすなおな態度で正直に向き合っていれば、自然と信頼関係が築けそう♪

ストレス　NEGATIVE

チク

チク

自分の外から受ける刺激によって、心や体が緊張してしまうこと。天気や病気、悩みごと、人間関係など、さまざまなことが原因になってくるんだ。うまくコントロールできないと、体調をくずしたり、眠れなくなったりとデメリットがたくさん！

攻略ポイント ストレスがたまってきたら、好きなことをして発散しよう！　すぐに発散できないときは、大きな声を出すだけでも、気持ちがスッキリするよ★

ずるい　NEGATIVE

だれも見てないしサボっちゃえ

ずるい人というのは、人よりも自分が得をするように行動するような人のこと。人の手柄をこっそり横取りしちゃうような一面があるみたい。損得感情だけでふるまっていると、まわりから「ずるい」と思われてしまうことがあるよ！

攻略ポイント ずるさは、裏を返せば要領がいいということ。自分にとっての損や得を考えずに人のために行動すれば、もっとミリョク的な人になれるはず♥

おまかせくだサイ！

【 責任感 （せきにんかん）】　POSITIVE

自分（じぶん）の行動（こうどう）や与（あた）えられた役割（やくわり）を、やりとげようとする気持（きも）ちのこと。責任感（せきにんかん）が強（つよ）い人（ひと）は何（なに）ごとにも一生懸命（いっしょうけんめい）取（と）り組（く）めるので、まわりから頼（たよ）れる存在（そんざい）だと思（おも）われているよ。いい結果（けっか）を目指（めざ）して努力（どりょく）する姿（すがた）は、みんなのあこがれのマトかもね♪

攻略（こうりゃく）ポイント 責任感（せきにんかん）が強（つよ）すぎて周囲（しゅうい）に強要（きょうよう）すると、まわりの人（ひと）が息苦（いきぐる）しく感（かん）じてしまうことも。みんなと協力（きょうりょく）し合（あ）うことで、楽（たの）しみながら目標（もくひょう）クリアを目指（めざ）そう！

【 積極的 （せっきょくてき）】　POSITIVE

この指（ゆび）とーまれ！

自（みずか）ら進（すす）んで行動（こうどう）したり、取（と）り組（く）んだりする人（ひと）のことを「積極的（せっきょくてき）な人（ひと）」といったりするよ。前向（まえむ）きになんでも挑戦（ちょうせん）するので、いろいろな経験（けいけん）ができるんだ♪　チャレンジ精神（せいしん）がおうせいで、勉強（べんきょう）や運動（うんどう）でもメキメキ実力（じつりょく）が伸（の）びちゃうよ★

攻略（こうりゃく）ポイント なかなか積極的（せっきょくてき）になれないという子（こ）もなかにはいるはず。そんな子（こ）にはそっと手（て）を貸（か）してあげてね。ただし、自分（じぶん）のやり方（かた）を押（お）しつけすぎないように注意（ちゅうい）して！

なんだか胸（むね）が痛（いた）い…！

【 せつない 】　NEGATIVE

悲（かな）しさやさびしさなどから、胸（むね）が苦（くる）しくなることだよ。せつなさが生（う）まれる理由（りゆう）はさまざまで、自分（じぶん）ではどうすることもできないことに心（こころ）がゆれてしまうんだ。悲（かな）しいときだけではなくて、恋（こい）をしているときにも感（かん）じることがあるみたい！

攻略（こうりゃく）ポイント せつなさの原因（げんいん）は、あなたにとって大切（たいせつ）なもの。正面（しょうめん）から向（む）き合（あ）ってみよう。どうしても解決（かいけつ）できないときは代（か）わりになるものを探（さが）すのも手（て）かも。

【 尊敬する 】 POSITIVE

す、すごーい！

ある人の性格や行いをすばらしいと感じる、とてもポジティブな気持ちだよ。尊敬する人がいると、「あの人にみたいになりたい」とあこがれの感情が生まれることも。尊敬する人を目標にがんばれば、自分自身もぐんぐん成長していくはず♪

攻略ポイント 尊敬の気持ちが大きくなりすぎると、その人を自分の理想に近づけようとしてしまうことがあるから注意して。相手の欠点も認められるとさらにGOOD！

【 楽しい 】 POSITIVE

うっひょ～！最高

明るくウキウキする気持ちのことだよ。この感情は、好きなことに熱中しているときや、その場が盛り上がっているときにあらわれるんだ♪ 楽しさの感じ方は人それぞれだけど、日常生活を送るうえで欠かせない、大切な感情のひとつだね！

攻略ポイント 楽しさを感じているときは、気持ちが大きくなっているもの。感情の高まりに身を任せて、やってはいけないことまでしないように気をつけて！

【 だらしない 】 NEGATIVE

あとでやればいいや～

自分にけじめがなく、なんでも中途半端になるような人のこと。ものごとに対して「めんどうくさい」と感じることが原因で、身だしなみや行動にあらわれるよ。寝ぐせを直さなかったり、平気で遅刻したり、借りたものを返さなかったり……。

攻略ポイント めんどうくさいと思うことから、手をつけてみると◎。めんどうだからと後回しにするより、あとで楽をするために、と思考を転換できるようになろう！

当然だろ☆

〔強気(つよき)〕 POSITIVE ♥

失敗を恐れず、積極的な態度に出ること。強気な性格の人には努力家が多く、努力してきた経験が自分の自信につながっているんだ！　だから、スポーツや勉強など緊迫した場面で結果を出せるのは、強気な人が多いんだって。

攻略(こうりゃく)ポイント いざというときに強気な行動をするには、あらかじめ成功をイメージしておくことが大切。いい結果を何度もイメージして自信をつけちゃおう！

〔照れ屋(てれや)〕 NEUTRAL 😊

はずかしくて～もうダメ…。

ちょっとしたことで、はずかしくなってしまう人のことだよ。自分がわずかに注目されるだけでも、極端にはずかしがって、その場で固まってしまうの。愛されキャラである一方、もじもじした態度で相手をイライラさせちゃうことも！

攻略(こうりゃく)ポイント すぐにはずかしくなる原因は、まわりの目を意識しすぎていることにあるかも。人の目を意識しすぎないことを心がければ、気持ちが少し軽くなりそう♪

キミもそう思うだろ？

〔同調圧力(どうちょうあつりょく)〕 NEGATIVE 💔

大人数(おおにんずう)の意見にしたがわせるために、見えない圧力をかけること。「ほかのみんなはいいって言ってるけど、あなたもいいよね？」と聞かれると、ついうなずいてしまうことがあるよね。これが、ほかの人に同調するように圧力をかけることだよ。

攻略(こうりゃく)ポイント 同調圧力に負けないためには、自分と同じ意見をもつ仲間をつくろう。自分の味方がいると自分の意見をあと押ししてくれるので心強い！

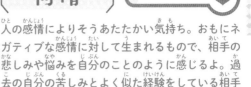

わかるよ その気持ち

〔 同情 〕 POSITIVE

人の感情によりそうあたたかい気持ち。おもにネガティブな感情に対して生まれるもので、相手の悲しみや悩みを自分のことのように感じるよ。過去の自分の苦しみとよく似た経験をしている相手ほど、同情したくなっちゃうんだ。

攻略ポイント 悲しい思いをした人には、思いやりと親切な気持ちで接してみよう。ただし、過度な同情は迷惑になってしまうこともあるから、見極めが必要だよ!

〔 どんかん 〕 NEUTRAL

え?なんか言った?

ものごとに対する感じ方がにぶいことを「どんかん」というんだ。まわりの人が簡単に気づくようなことにも気づかないので、たとえ嫌なことをされても、さらりと受け流せるという長所も。おっとりしたのんびり屋さんに多い傾向が。

攻略ポイント 会話のときは、話している人をしっかり見よう。耳と目の2つで情報をキャッチすれば、気づかずスルーなんてことも少なくなるはず!

〔 流されやすい 〕 NEGATIVE

どっちでもいいく

人の意見や気分に左右されてしまう人を「流されやすい」と表現することがあるんだ。流されやすいのは、自分の意見が言えないからではなく、人まかせにしている方が楽だからという場合が多いよ。優柔不断だと思われないように気をつけて。

攻略ポイント 「なんでもいい」を少しずつへらそう。なんでもいいと言わずに、自分で決めるくせをつけることで、ものごとに対して「こだわり」が生まれるよ♪

なまいき

NEGATIVE

自分の年齢や経験、立場を考えず、大きな態度をとること。自分に自信がある人ほどなまいきな態度になりがちで、人を不快な気持ちにさせてしまうことがあるよ。だれに対しても尊敬の気持ちを忘れず、ていねいな態度で接するように！

攻略ポイント 目上の人になまいきな人は、信頼されなくなってしまうよ。だれに対しても礼儀正しく接して、すてきだなと思われるような行動をしてね♪

年齢とか関係ないし

なれなれしい

NEGATIVE

初対面やあまり親しくない人にも積極的に近づき、キョリをつめようとする人のこと。「仲よくなりたい」という気持ちのあらわれかもしれないけど、場合によっては失礼な態度だと受け取られそう。親しくなるはずが、逆効果になってしまうかも。

攻略ポイント だれかと仲よくなりたいときは、相手を思いやる気持ちを忘れずに！ なれなれしい印象ではなく、明るくフレンドリーな人だと印象づけられるとGOOD！

マジ？超ウケる！

はずかしい

NEGATIVE

自分の失敗や秘密を人に知られて、混乱しちゃう気持ち。はずかしさは、それが「人とちがう」と思うことが原因で感じてしまうもの。人はそれぞれ好みや考え方がちがうんだから、人とちがうことを必要以上に気に病む必要はないよ♪

攻略ポイント 自分にとってはずかしいと感じることも「ほかの人ならどうだろう？」と考えてみて。案外はずかしくないと思ったら、それはあなたの気にしすぎなのかも！

ど、どうしよう…！

110

〔八方美人（はっぽう びじん）〕 NEGATIVE

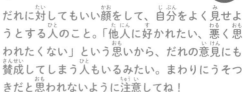

だれに対（たい）してもいい顔（かお）をして、自分（じぶん）をよく見（み）せようとする人（ひと）のこと。「他人（たにん）に好（す）かれたい、悪（わる）く思（おも）われたくない」という思（おも）いから、だれの意見（いけん）にも賛成（さんせい）してしまう人（ひと）もいるみたい。まわりにうそつきだと思（おも）われないように注意（ちゅうい）してね！

攻略（こうりゃく）ポイント 八方美人（はっぽうびじん）だと、まわりの人（ひと）に信頼（しんらい）してもらえないかも。人（ひと）に嫌（きら）われない努力（どりょく）をするより、人（ひと）に好（す）かれるよう自分（じぶん）みがきをがんばってみよう★

〔腹黒（はら ぐろ）い〕 NEGATIVE

お腹（なか）の中（なか）に黒（くろ）い感情（かんじょう）を抱（かか）えている人（ひと）を「腹黒（はらぐろ）い人（ひと）」と表現（ひょうげん）するよ。黒（くろ）い感情（かんじょう）というのは、自分（じぶん）の得（とく）のためにウソをついたり、他人（たにん）を利用（りよう）しようとする気持（きも）ちのこと。そういう人（ひと）は自己中心的（じこちゅうしんてき）で、自分（じぶん）の思（おも）い通（どお）りにならないと気（き）がすまないんだ。

（思（おも）ってないけど）かわいい〜♡

攻略（こうりゃく）ポイント 思（おも）いやりをもって、人（ひと）に親切（しんせつ）にしよう。人（ひと）をだましたり傷（きず）つけたりすると、それを知（し）った自分（じぶん）の大切（たいせつ）な人（ひと）を悲（かな）しませてしまうかもしれないよ！

〔ひがみ〕 NEGATIVE

ムキー！

人（ひと）に言（い）われたことやされたことを、ネガティブにとらえてしまう気持（きも）ちのこと。自分（じぶん）に自信（じしん）がないと、ものごとをひがみっぽくとらえてしまいがちだよ。「自分（じぶん）はダメな人間（にんげん）だし、よく思（おも）われるはずがない」と、考（かんが）えがひねくれてしまうんだ。

攻略（こうりゃく）ポイント ひがみは自信（じしん）のなさからくるので、まわりにほこれるような実力（じつりょく）をつければ自信（じしん）がもてそう！何（なに）か得意（とくい）なことをつくって、それを毎日（まいにち）続（つづ）けよう♪

どうせムダだよ

〔 ひくつ 〕 NEGATIVE

「どうせ自分は……」と自分のことを否定して、いじけること。ひくつな感情は、まわりに認められたいという願望の裏返しなんだ。本当は自分にとってほこらしいことでも、言い訳をしてごまかすので、まわりの人はとまどってしまいそう!

攻略ポイント すぐに言い訳をしないことが大切! なんでも真剣に取り組んで、ひとつひとつ成功を重ねていくことで、自信をつけることができるよ。

〔 否定的 〕 NEGATIVE

人の意見を受け入れず、反対する気持ち。だれの発言に対しても「いや」や「でも」など、反対する言葉から入る人は、否定的な性格なのかも! 自分の意見がいつも正しいと思っているから、ほかの人の話を聞き入れようとしないんだ。

攻略ポイント プライドが高く、負けず嫌いな人は否定的になりがちみたい。なんでもかんでもすぐに熱くならず、冷静でいることを心がけてみよう!

ありえないからっ!

あれもこれも気に入らない!

〔 ふきげん 〕 NEGATIVE

気に入らないことに対して、きげんが悪い状態を「ふきげん」というよ。ふきげんな感情を態度に出すと、まわりの人のことまでイヤな気持ちにさせてしまうんだ。ふきげんなときは言葉づかいもきつくなりがちだから、注意してね。

攻略ポイント 気に入らないことがあっても、態度や表情に出さないようにしよう。周囲の人のためにも、その場ではおさえて、ひとりになってから思う存分発散してね!

どうしよう…

大丈夫かな…!

〔 不安 〕 NEGATIVE

これから起こるできごとを心配して、落ちつかなくなる気持ちのこと。すでに起きていることに対して感じるのが恐怖だとすると、不安は未来のことに対して感じるものだよ。不安な気持ちはひとりで抱えこまず、だれかに相談してみよう。

攻略ポイント 「いやし」の感情は、不安をやわらげるのに最適だよ！ 目を閉じたり深呼吸したりして、頭をクリアにしよう。だんだん心が落ちついてくるはず♪

〔 マイペース 〕 POSITIVE

フンフン♪

まわりに流されず、自分のペースで生きている人を「マイペースな人」というよ。のんびりしているように見えるけど、自分にとってベストなものごとの進め方や方法をよく知っているよ！ まわりの人に合わせて行動するのは苦手みたい。

攻略ポイント 自分をしっかりもつことはとても大切だけど、ときには友だちの意見に耳をかたむけることも必要。自分の行動がまわりからどう見えているか考えてみて。

〔 マメ 〕 POSITIVE

掃除して宿題して ごはんもつくって…

細かな作業や苦労を気にせず、コツコツ進められる性格のことだよ。マメな性格の人は、だれも気づかないことを先回りしてやっていたり、人がしたがらないことも率先してやってくれたり。まわりからは「気がきく人」と思われているんだ♪

攻略ポイント マメな人はなんでも自分で器用にこなすから、いろいろな人から頼られるの。役割を抱えすぎてつかれないように、ときには周囲に助けを求めてね！

このワンピ新作なの♡

見栄（みえ）っぱり

NEGATIVE

自分の印象をよく見せるために、うわべだけをかざること。この感情は、人から自分がどう見えるかを気にしすぎて起こるもので、自意識過剰な人にもあてはまるよ。本当の自分を打ち明けられず、どんどん苦しくなってしまいそう……。

攻略（こうりゃく）ポイント こうありたいというイメージは大切だけど、あまりにもかけはなれていると、なんだか不自然かも。ありのままの自分を受け入れることも大切だよ♪

無神経（むしんけい）

NEGATIVE

そんなこともわからないの？

自分でも気づかないうちに、人を傷つけて、イヤな思いをさせてしまうこと。無神経な人は周囲の人への気づかいや思いやりに欠けていて、自分の何がいけなかったのか気づくのが苦手なの。まわりに教えられて後悔することもあるよ。

攻略（こうりゃく）ポイント だれかに指摘されたときは、きちんとあやまろう。たとえ悪気がなかったとしても、だれかをイヤな気持ちにさせてしまったことをしっかり反省してね。

無責任（むせきにん）

NEGATIVE

あとはお願（ねが）い！

自分の行動に責任をもたないこと。無責任な人は、自分の失敗やまちがいを批判されることをこわがっているんだ。何かをはじめてもとちゅうで投げ出してしまったり、なんでも人まかせにして周囲に迷惑をかけたりすることも……。

攻略（こうりゃく）ポイント 失敗から学べることはたくさんあるよ。失敗は成長できるチャンスだと思えば気持ちが軽くなりそう♪最後までやりとげる努力をしてみて。

きれいに咲いたね！

〔 やさしい 〕 POSITIVE

思いやりがあって、気配りができる人のことだよ。人にやさしくできるのは、心に余裕があるという証拠。自分の損や得を考えずだれにでも親切にできるので、周囲にはいつも人がいっぱい！　友だちや先生からも信頼されていくよ♪

攻略ポイント　やさしい人ほどストレスをためこみやすい一面があるみたい。気配りはとてもいいことだけど、たまには自分の気持ちにすなおになってみてもいいかも！

〔 ゆううつ 〕 NEGATIVE

なんかモヤモヤする…！

心が晴れず、モヤモヤと暗い感情になることを「ゆううつ」というよ。朝起きてなんとなく学校に行きたくなかったり、毎日の習慣がめんどうに感じたり……。まじめで責任感が強い人ほど、突然ゆううつな気持ちになることがあるみたい！

攻略ポイント　気分が落ちこんでいるときは、無理して明るくふるまわなくてもOK。リラックスできる場所でのんびり過ごして、心が回復するのを待とう。

〔 優越感 〕 NEGATIVE

こんなの余裕だけど？

自分が人よりいい立場にいると感じて、喜びにひたること。だれかに特別あつかいされたり、大勢の前でほめられたりしたときに感じる感情だよ。ほかの人からはえらそうに見えちゃうこともあるから、あまり態度に出しすぎないように。

攻略ポイント　ほかの人に対して優越感を感じていても、それをアピールするのはトラブルのもと。態度や言葉に出したりせず、自分の中だけにとどめておくようにしよう！

どっちにしようかな〜

優柔不断（ゆうじゅうふだん）

あれこれ迷ってなかなか決断できないこと。決断に時間がかかるせいで大きなチャンスを逃したり、まわりに迷惑をかけたりすることも。慎重に考えすぎて決められないケースもあるし、どちらもすてきで困ってしまっている場合もあるみたい。

攻略ポイント（こうりゃく） じっくり考えるのはいいことだけど、考えすぎはかえってよくないよ。失敗しても挽回するチャンスはきっとあるから、ズバッと決めるくせをつけよう。

理不尽（りふじん）

口ごたえしないで！

筋が通っていないことに対して、納得がいかない気持ちのこと。この感情は、自分が正しいと思ったことを否定されたり、理解してもらえなかったりするときに生まれるんだ。納得がいかないことが重なると、不満がつのって爆発してしまうかも。

攻略ポイント（こうりゃく） 理不尽な性格の人とは、キョリを置いてみることも大切。言葉をすべて受け止めるのではなく、理不尽なことを言われたら適当に受け流してしまおう！

わがまま

主役じゃなきゃやだ〜

自分の思い通りにことが進まなかったときに、ふきげんになること。わがままな性格の人は、まるで赤ちゃんみたいに思うままにふるまうんだ。自分のことしか考えないから、まわりの人を困らせたり、ときには怒らせたりすることも……。

攻略ポイント（こうりゃく） 自分が言われて困ることややりたくないことは、ほかの人にとってもイヤなことだよ。ひと呼吸おいて、相手の立場になって考えてみよう。

LESSON 4

相手の気持ちを
知る
ナイショのテク

最近みんな
楽しそうだな〜

ねぇリクくん
これ見て〜♥

おっどした？

…ん？

ことね？　最近アイツ
ワーワー言って
こないんだよな〜

って、
うわっ!

もちっ

なぁリク、
もしかしてことねのこと
気になっちゃうのか?

え? あー、うん
あいつ最近ギャーギャー
言わないから、何考えてるか
わかんないんだよな

それは感情を
攻略できるように
なったから…

ってそうじゃなくて!

妖精・フレンが
にぶ～いリクに
相手の気持ちを読みとく
テクニックを
教えてあげるぞ!

えーっ? 何それ!
おもしろそう!

…まったく
にぶすぎてことねが
かわいそうだからな!

相手の気持ちを読みとこう

気持ちを読みとくって、そんなエスパーみたいなことできるのか？

もちろん、超能力者みたいに考えていることが全部わかるわけではないのだ。ただ、相手が自分をどんな風に思っているかとか、どんな性格をしているかとか、「心理学」を使うと理解しやすくなるんだぞ♪

心理学ってすげー！　フレン、オレにも心理学、教えて‼

相手の気持ちがわからないから不安になっちゃう⁉

　友だちづき合いで不安になる理由のひとつに、「相手の気持ちがわからない」ことがあるよ。相手が何を思っているか、楽しんでくれているかがわからないから、どう接していいか迷ってしまうんだよね。

　この Lesson では、相手の気持ちを読みとくためのナイショのテクニックを紹介するよ♪　友だちの気持ちをこっそり読みといちゃおう！

みんな何考えてるのかな？

相手の気持ちを知るには？

直接聞いてみるのがいちばんだよ！

当たり前のことだと思うかもしれないけど、友だちの気持ちを知りたいなら、直接聞くのがいちばん！「何かあったの？」「どう思う？」って声をかけて、気持ちを探ってみよう。親しい友だちなら、きっと思っていることを話してくれるよ♪

相手に悩みごとがある場合、相談にのることで、友だちの不安や悩みが解消されるかも！　深い話をしているうちに、もっと仲よくなれるはず★

何かあった？

あのね…

うまく聞けなそうなら…

「心理学」で気持ちを知る手も！

気持ちを知りたい子とまだそこまで深い仲じゃなかったり、直接聞きづらい雰囲気だったりするなら、「心理学」のテクニックを応用してみよう！　ここでは、4つの要素から相手の気持ちを読みとくテクを紹介するよ♪

ここで紹介する知識は、大人になってからも役立つはずだぞ♪

こんなところをチェック！

顔・表情
顔のパーツや笑い方、視線の動きを見ると、相手の本音がわかっちゃう!?
122 ページ

しぐさ・態度
姿勢や口もと、手、足の動きなどをチェック！　意外な本心がわかるの♪
130 ページ

口ぐせ
口ぐせをチェックすることで、その人の本心やかくれた性格が見えてくるの！
138 ページ

ファッション
服の系統や、部屋着、バッグ、好きな色などから、相手の性格や感情を分析！
152 ページ

顔・表情から読みとこう

　顔は、コミュニケーションをとるうえで欠かせないもの。笑ったり、泣いたり、怒ったり……。いろいろな感情や気持ちが詰まった「表情」は、相手の気持ちを知るうえで、最初に見るべきポイントだよ！

　気持ちが顔に出ないようにとりつくろうこともあるよね。だけど、ナイショテクを使うことで、相手のかくしていた気持ちがわかるかも♥

顔の見るべき POINT

顔の表情をつくるのは、次のパーツだぞ。それぞれの動きや変化の組み合わせで、さまざまな感情が生み出されるのだ♪

まゆ・額

まゆをひそめたり、眉間にシワを寄せたりして、感情を表現するよ。

目・まぶた

目を見開いたり細くしたり、まぶたを上げたり下げたりするよ。目は、感情がもっとも表れるパーツのひとつなの！

ほほ・口・鼻の下・あご

ほほが上がったり、口のかたちが変わったり、鼻の穴がふくらんだりと、表情によってさまざまな変化が見られるよ。

顔・表情のナイショテク①

本心を知りたいなら 顔の左側を見ちゃおう！

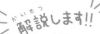

解説します!!

顔が左右まったく同じではなく、微妙にちがっているように、表情もまた、左右でちがっているんだ。

人間の脳は、「右脳」と「左脳」に分かれているの。右脳はイメージや感情を、左脳は言葉や論理的な考えを司っているんだ。"脳と体は左右が逆になる"から、顔の左側（相手から見て右）に「本音」、右側（相手から見て左）に「よそゆき」の表情が出るといわれているんだよ。つまり、本心をかくそうとしても、顔の左側を見れば、気持ちがわかるってこと！

顔の右側は…

━ よそゆきの表情！ ━

左脳が支配している顔の右側は、本心をかくして表情をつくることができるんだ。「よそゆきの表情」とも呼ばれているよ。

顔の左側は…

━ 本心の表情！ ━

右脳が支配している顔の左側は、感情がより強く表れるの。人は何かをかくすとき、無意識に顔の左側をかくすともいわれているんだ。

相手の本音が読みとれないときは顔の左側に注目して見つめてみるといいのだっ！

123

顔・表情のナイショテク②

笑い方を観察すると性格がわかる！

解説します!!

笑い方は、人それぞれでちがうもの。笑い方を見ることで、その子の気持ちや性格を読みとくことができちゃうよ★

ちなみに、よく笑う子は、「人と仲よくなりたい！」という気持ちが強い人。あまり笑わない子は、いつもどこか緊張気味なのかも。ちょっぴり競争心が強い傾向もあるよ。笑顔は、心にも体にもよい影響を与えてくれるから、笑顔を心がけるといいことが起こるかも♪

そういえば、人って好かれるためにお世辞で笑ったり、つくり笑顔をすることもあるよな？

ここで、もうひとつナイショテクを教えてあげるのだ。「つくり笑い」は、見分けられるんだぞ！　本当におもしろくて笑うときは、まず口が笑って、次に目が笑うものなのだ。目と口が同時に笑っていたり、口だけが笑っているときは、つくり笑いの可能性が高いってこと！　でも、つくり笑いだって、その場を楽しませようとしてすることなんだから、ぼくは悪いことじゃないと思うぞ♪

笑い方でわかるあの子の性格

6パターンの笑い方から、性格の読みとき方を解説するぞ！
会話中に、友だちの笑い方をこっそり見ちゃうのだ♪

大声で笑う

アハハ

口を大きく開けて笑うのは、相手に心をゆるしている証拠♥明るくて楽しい性格だよ。ちょっぴり感情のコントロールがニガテな一面も？

小声で笑う

フフ…

自分の内面を見せるのがニガテなタイプかも。上品で、大人っぽいと思われたい気持ちが強い子なのかも。

声を出さずに笑う

クスクス…

ちょっぴり消極的なタイプで、ついついまわりと合わせてしまう子。自分に自信がないから、笑っていいのか不安なのかもしれないね。

のけぞって大笑い

ワハハ…!!

素の自分をさらけ出すのに抵抗がない子だよ♪細かいことを気にしないし、かくしごとも少ないから、友だちは多そう！

手で口をおおう

ヤダァ

キャハ♥

はずかしがりや……と見せかけて、意外と見栄っ張りさん。かわいく見られたい気持ちが強い子かも!?

話しながら笑う

それでね
アハハ

自分に自信がないのかも。会話の途中で笑いをはさむことで、まわりがどんなリアクションをとっているかチェックしている可能性大！

顔・表情のナイショテク③

目を見れば考えていることがわかる！

解説します!!

「目は口ほどにものを言う」という言葉があるよね？　これは心理学でも証明されていること！　たとえば、「緊張するとまばたきが増える」「ネガティブな感情は目にもっとも表れる」などということがわかっているんだ。

人は、だれかと話すとき、基本的には相手の目を見るよね？　相手と目を合わせる「アイコンタクト」は、コミュニケーションの基本なんだよ♪　逆に言うと、相手と目を合わせないようにしていると、コミュニケーションをとる気がないと思われてしまうかも……。

相手を見るのはこんなとき！

心理学者のナップさんは、人とアイコンタクトをとるのは、おもに4つの気持ちがかくれていると考えたんだぞ！

「反応が見たい！」
会話中などに、「わたしの話、どうかな？　楽しんでくれているかな？」と、相手の反応が見たくて目を見ようとするよ。

「好き…♥」
人は、相手に好意や関心をもっていると、その人のことを見つめるよ♪これは、無意識にやってしまうこともあるんだ。

「連絡をとりたい！」
相手に話しかけたいときや、情報を伝えたいとき、まず相手の目を見て「あなたと話したい！」と伝えようとするよ。

「こいつめ！」
好意とは反対に、相手に敵対心をもっていたり、ライバル心を感じているときも、その人をじっと見つめることがあるよ！

目の動きで相手の気持ちを見抜く！

相手の目の動きや視線から気持ちがわかるんだって！
今度、ことねと話すときに見てみようっと。

相手の気持ちを知るナイショのテク

CASE 1　目線をそらす

目をキョロキョロ

心の動揺が、目にも表れているよ。自信がもてなかったり、あせりを感じたりしている可能性が高いの。

フッとそらす

目を合わせていたのにフッと視線をそらすのは、話が退屈だったり、相手とキョリをとりたい気持ちの表れ。

目が合った瞬間にそらす

目が合って思わずそらすのは、相手を見つめていたのがバレたくない気持ちの表れだよ♥

CASE 2　会話中に別の方向を見る

何を考えているか、相手が視線を向けている方向で予想できちゃうよ♪

右上を見る
これまで一度も経験したことがないできごとや光景を予想しているのかも！

右下を見る
けが、病気など、つらいことをイメージしていたり、そのときの気持ちを思い出していたりするのかも。

左上を見る
過去の体験や、前に見た光景・風景を思い出しているのかも。

左下を見る
音や声など、"耳で聞く"ようなイメージをもっていたり、心の中で空想に語りかけているのかも。

127

顔のかたちやパーツで基本の性格がわかる!?

解説します!!

「人相学」というものがあるよ。これは、顔を見ることで、その人の性格や未来を予測するというもの！ヨーロッパでは、古くから人相学の研究が行われていたんだ。

人相学では、顔のかたちと、目や鼻や口、それぞれのパーツに意味があると考えているよ。たとえば、目は情報、耳の大きさは慎重さ、くちびるは情の深さ……など。それぞれの読みとき方をくわしく見てみよう。

顔のかたちで性格を診断！

まずは、顔のかたち（体形）から基本性格をチェックしてみるのだ♪

やせ型

あごが細く、シャープな印象だよ。頭が小さめなこのタイプは、頭の回転が早くてセンスがある子が多め♪やや無口なタイプかも。

丸型

ぽっちゃりした丸顔は、社交的で、明るい子が多いよ。まわりに親切にしてもらうことが多いから、ちょっぴりわがままな一面も。

筋肉型

がっちりしていて、頭が大きめのタイプ。几帳面でまじめな傾向があるよ。器用ではないけど、こつこつがんばれる子が多いみたい。

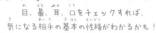

顔のパーツ性格診断！

目、鼻、耳、口をチェックすれば、気になる相手の基本の性格がわかるかも！

大きな目
人の気持ちをくみとるのがじょうずで、空気を読むのが得意だよ。アクティブだけど、やや楽なほうに流されがちな一面も。

小さめの目
まじめで努力家だよ。人との仲は、時間をかけて深めていくタイプ。たくさんの人と仲よくなるより、心友とキズナを深める子だよ。

段になっている

自己主張が強く、正義感があるリーダータイプだよ。ちょっぴりわがままかも。

だんご鼻

まわりの子に安心感を与えるいやし系。あまり人の悪口を言わないのがいいところ。

上を向いている

正直者で、積極的に人に手を貸すことができるタイプだよ♪

大きい
慎重で、人との輪を乱すのを嫌うよ。記憶力がすぐれている子が多いの！

小さい
ちょっぴりせっかちで、感情をコントロールするのがニガテかも。気分屋さんだよ。

耳たぶが厚い
ポジティブで、おだやかな人が多いよ。人の輪の中にいるのが好きなタイプ♥

大きい
細かいことを気にしない、だいたんな性格だよ。ちょっぴり無神経な一面もありそう。

小さい
ひかえめな性格。責任感があるから、一度はじめたら最後までやりとげるがんばり屋さん！

厚いくちびる
心が広く、いつも真剣に相手と向き合おうとするよ。将来幸せな家庭を築けそうだね★

薄いくちびる
頭の回転が早くて、かしこい子が多いよ。おしゃべりが好きでやや口は軽いかも!?

2 しぐさ・態度から読みとこう

人の本音は、しぐさや態度にもかくれているといわれているの。会話中の相手のしぐさ、態度を観察すれば、その子が自分をどう思っているか、今どんな気持ちなのかをさぐることができると考えられているよ♪気持ちを知りたい子のしぐさや態度をこっそり観察してみよう！

122ページから紹介した「表情」もいっしょに観察すると、よりくわしく相手の気持ちが読みとけるはず。

じぃ～っ

しぐさ・態度の見るべき POINT

しぐさ・態度から気持ちを読みとくときは、次の4つのポイントをチェックするのだっ！それぞれの POINT を解説するぞ～♪

手や腕

会話中の手の位置や、腕の組み方などには、本音が表れると考えられているの。131ページと134ページ、135ページで解説するよ♪

姿勢

姿勢から読みとけるのは、相手が自分をどう思っているかだよ！ 132ページの情報をチェックして、相手の気持ちをはかってみよう。

足

足の見るべき POINT は、「足の置き方（かたち）」だよ。137ページをチェックすれば、相手だけじゃなく、自分のかくれた本音もわかるかも!?

口もと

表情に少し似ているけど、見るべき POINT は「舌」や「くちびる」がどう動いているかだよ！ 136ページで確認してみよう♪

しぐさ・態度のナイショテク①

会話中の手の位置で相手の興味がわかる！

解説します!!

　会話をしているときや、相手がひとりで考えごとをしているとき、机やテーブルにのせられた相手の手に注目してみよう。人の心は、無意識に手の動きに表れるものなんだ。まずチェックすべきは、「にぎり方」と「手の動き」だよ。

　手や腕については134〜135ページでも紹介しているから、あわせてチェックしてみてね♪

相手の手はどんな風？

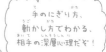

軽くにぎっている

相手の気持ちは平常……つまり、緊張したり、ウソをついたりしていないみたい。ふつうに会話を楽しんでいる状態だよ。引き続き、話題を盛り上げちゃおう♥

かたくにぎっている

うーん……。手をかたくにぎるのは、相手を拒絶しようとする気持ちの表れ。もしかすると、ふみこまれたくない話題なのかも？　話を変えたほうがよさそう。

指を広げている

リラックスして、相手を受け入れている状態♪会話中なら、あなたに心を開いているサイン。いっしょにいる時間を長くすれば、もっと仲よくなれちゃいそう♥

しきりに動かす

手をしきりに動かしているときは、頭もまたフル回転させているみたい。ちなみに、指でテーブルをたたいている場合、イライラしている可能性が高いよ！

手のにぎり方、動かし方でわかる、相手の深層心理だぞ！

"打ちとけているか"は姿勢を見ればわかる！

相手が自分に心を開いてくれているか、相手が自分に興味をもっているかは、「姿勢」を観察するとバッチリわかっちゃうんだよ♪ 姿勢には、本心がストレートに表れると考えられているの。表情はとりつくろえても、姿勢にまでは気がまわらないことが多いんだよ。

姿勢っていっても、具体的にはどこを見ればいいんだ？

簡単だぞ。「相手の体の向き」と、「自分とのキョリ」で読みとくのだ♪

体の向きチェックしよう

まずは、会話をしているときの相手の体の向きをチェックしてみるのだ♪

♥興味あり

体を相手に向けているときは、その話題に興味しんしん！ 体を前のめりにしているほど、興味の度合いは高めだよ★

✖興味なし

体の中心が相手からそれているときは、退屈に感じている可能性大。顔まで横を向いている場合、相手を嫌がっているのかも。

"キョリ"でチェックしてみよう

次は、相手と自分の"キョリ"で
チェックする方法を見てみようぜ!

♥興味あり

手を伸ばせばふれ合えるようなキョリまで
近づいても、相手が嫌がっていないような
ら、好意をもってもらえている可能性が高
いよ♪

肩や手、頭にふれられても嫌がらない場合
は、かなり好意を抱いている証拠! ただ
し、「そもそもふれられるのがニガテ」と
いう子もいるから、無理にさわらないでね。

✕興味なし

あのね…

スス…

なーに?

ひょいっ

近づいたときに、相手が少し後ずさりをす
るなど、一定のキョリを保とうとする場合
は、それ以上ふみこまれたくないというサ
イン。まだ気を許せていないのかも。

ふれようとすると、体をずらしてよけるの
は、親しくなるのを避けようとしているの
かも。手でこっそりガードするようなしぐ
さを見せる場合、かなりイヤがっているよ。

"キョリ"の話は、41ページでも紹介した
「パーソナルスペース」と密接に関係しているぞ。
相手が保とうとする「パーソナルスペース」が、
ずばり相手と自分のキョリなのだ!

133

しぐさ・態度のナイショテク③
腕の組み方・位置で
本心を見抜けちゃう!?

解説します!!

心理学の世界では、「手は口ほどにものを言う」と考えられているの。ここでは、手や腕の組み方・位置で、相手が自分をどう思っているか判断する方法を紹介するよ。

基本的に、「手をかくすのは、相手に本心を知られたくないから」なの。「手の内をかくす」とか、「手の内を明かさない」という慣用句があるよね？　つまり、相手を警戒しているサインなんだよ。

腕の組み方をチェックしよう

えぇっと、会話中に腕を組んだりするのって
よく見かける気がするけど…。

頭の後ろで手を組む

リラックスしているみたい！　話している相手に対して優越感を抱いている可能性も!?

胸の前で腕を組む

相手を拒絶しているサイン。または、「自分のほうがえらい！」という気持ちの表れかも。

自分を抱きしめるような腕組みは、「だれかにそばにいてほしい」という気持ちからかも。

ポケットに手を入れる

手を見せないようにしているよ。ズバリ、かくしごとをしている可能性が高そう！

手を背中側にまわす

これも、かくしごとをしているサイン。何か不安があるか、悩みを抱えている可能性も。

会話中に、自分の手や腕の状態もチェックすると、意外な本心がわかるかも★

しぐさ・態度のナイショテク④

会話中にさわっている場所で、本音がバレバレ!?

解説します!!

　人は、緊張や不安、ストレスを感じると、くちびるをさわるなどの行動をとって、安心感を得ようとすることがあるの。これを、心理学では「自己親密行動」というんだよ。

　これらの行動は、無意識にやりがちで、「クセ」と言いかえることもできるよ。代表的な4つの「自己親密行動」をチェックしてみよう！

どこをさわっているかチェックしよう

会話中、相手は顔のどのパーツをさわっているのだ？

あごをさわる

自分の発言に慎重になっているサイン。または、会話している相手の言葉が強くて、自分を守ろうとしているのかも。

手を口でかくす

自分の内面を見せたくない、本心を知られたくないという気持ちの表れ。相手を警戒しているサインだよ！

鼻をさわる

人の話を聞いているときに鼻をさわるのは、相手の話を「本当？」と疑っているから。自分が話しているときにさわるのは、ウソをついている可能性があるよ！

髪をさわる

不安を感じているか、退屈しているのかも。または、甘えたい気持ちが強い子という可能性も！

しぐさ・態度のナイショテク⑤
舌やくちびるの動きで本音をチェック！

解説します!!

失敗したときに舌を出したり、緊張してくちびるをなめる子を見たことはない？これも、135ページで紹介した「自己親密行動」の一種。舌やくちびるの動きを見れば、相手の本心がわかるんだよ！

このテクに限らないけど、相手の気持ちをさぐるテクは、自分の気持ちを知るのにも使えるよね。自分の舌やくちびるの動きも、意識してチェックしてみよう。

舌は本来、口の中にしまっておくものだぞ。それを出して見せるということは、相手に警戒心をもっていないとも考えられるのだ！

たしかに、赤の他人に舌を見せるのってちょっとイヤかも…。

このしぐさに注目！

舌を出す
「あっかんベー」に代表されるように、「イヤだよ～」という気持ちの表れ。でも、相手に好意はもっているみたい！

くちびるをなめる
人は、緊張すると唾液が出にくくなって、くちびるが乾燥するといわれているの。つまり緊張でかわいたくちびるを、うるおそうとしているのかも！

くちびるにふれる
口をかくす（135ページ）のではなく、くちびるにふれるのは、不安をおさえて、平常心をとり戻そうとしているのかも。

くちびるをかむ
イライラする気持ちを、必死におさえようとしている可能性が高いよ！

しぐさ・態度のナイショテク⑥
座ったときの"足"で
性格がまるわかりに!?

解説します!!

　人の気持ちをさぐろうとするとき、人は顔や手、姿勢を見ようとするよね。でも、足にまでは目がいかないんじゃないかな?　これは、本人も同じで、気持ちをとりつくろおうとしても、足まで気がまわらないことが多いもの。だから、足には、無意識に本心が表れることが多いと考えられているんだよ!

　足で見るべきなのは、「座っているときの足の置き方」だよ。会話中、こっそり相手の足をチェックしてみよう♪

足の置き方をチェックしよう!

座っているときの
足のかたちって、
意識したことないなぁ。
さっそく見てみよう!

ひざをそろえる

相手に対して緊張感をもっているのかも。それ以上ふみこまれたくない気持ちの表れの可能性もあるよ。

足を投げ出す

相手の話に興味がないか、退屈している気持ちの表れ。「どうにでもなれ〜」とやけくそな気分なのかも!?

足首をクロス

まわりにあまり気をつかっていないみたい。ちょっぴり妄想癖があるタイプの子が多いよ。

八の字にする

自分の意見をはっきり言えるタイプに多いよ。「こうしたい!」という気持ちが強いみたい。

足を広げる

自分をあまりかざらない、おおらかな性格の子みたい。相手に対して好意がありそうだよ♪

3 POINT

口ぐせから読みとこう

よく口にする言葉、「口ぐせ」。自分では意外と気づきにくいけど、まわりの子の話を意識して聞いていると、「この言葉、1日に何回も言っているな～」なんて気づけるもの。じつは、この「口ぐせ」で、その子の性格や考えが読みとけちゃうの！

ここでは、25の口ぐせと、その言葉から読みとける性格のタイプを紹介するよ。読んでいるうちに、自分の意外な口ぐせに気づくかも★

みんなも言ってるもん！

みんなってだれ？

あー、ことねよく、「じゃあ」って言ってる気がする！　ふむふむ、あいつ、こんなこと考えてたのか～。

ちなみにリクは、「みんなもやってる」が口ぐせって気づいてるか？

えっ、オレそんなこと言ってる？
だけど、オレだけじゃなくてみんなも言って……あ。

友だちだけじゃなく、自分の口ぐせを自覚することで、まわりがどう思うか、自分は心の中でどう思っているかが見えてくるのだ。口ぐせを知ることは、自分を知ることにもつながるから、ぜひチェックしてみてほしいんだぞ★

気になる！
口ぐせ本音ずかん

25の口ぐせと、その言葉にひそむ本音を紹介しちゃうよ！
自分や友だちのふだんの会話を思い返してみよう★

「だって…」

解説

「だって」のあとに続くのは、ほとんどが言い訳だよね。「だって」が口ぐせの子は、責任をほかの人や環境のせいにする言い訳を口にしがちみたい。自分のせいじゃない、自分は悪くないという気持ちが強いんだね。

「だって」や「でも」、「どうせ」など、ローマ字の「D」ではじまるネガティブな言葉は「D言葉」とも呼ばれ、相手をイヤな気持ちにさせるといわれているのだ。ふだん、自分が「D言葉」を口にしていないか振り返ってみるといいぞ。

あれ？ これって〇〇ちゃんがやるんだったよね？

だって…

あー…

だって わたし ずっと忙しくて

だって

だって だれも 手伝ってくれない…

だって

…… もういいよ

うわ〜、気をつけなくちゃ。「どうせ」は150ページで紹介しているみたいだな。

ここで紹介する知識は、大人になってからも役立つはずだぞ♪

「じつはね…」

> ここだけの話……
>
> じつは〇〇くんが好きなんだ〜♡
>
> え〜、
>
> じつは〇〇くんが
>
> キャー！
>
> 後日
>
> また言ってる

〜解説〜

「じつは」は、本心やヒミツを話すときに使うことが多いよね。ヒミツや悩みを共有すると、グッと仲が深まるもの（33ページ）。でも、「じつは」を使いすぎると、そのヒミツや悩みが軽いものになってしまうよ。

「じつは」に似た言葉に「ここだけの話」があるぞ。でも、実際は、「ここだけ」じゃないことも多いのだ。

「なるほど〜」

> こうしたらいいよ！
>
> こうしなよ！
>
> ああするべき！
>
> なるほど
> なるほど〜
> なるほど
> なるほど〜

〜解説〜

「なるほど」は、相手の話に共感したときに出る言葉。でも、この「なるほど」を口ぐせのように多用するのは、自分の意見をもっていない子に多いみたい。じつは、相手の話を聞き流しちゃっているケースも……。

あー。オレ、めんどうなとき「なるほど」ってごまかすこと、あるかも……。心理学には見抜かれちゃうんだな。

140

「だから」

解説

相手が言ったことに対して、「だからダメだって」と否定したり、「だから、こういうことよね？」とまとめようとする子。ずばり、自己主張が強い、リーダータイプの子に多い口ぐせだよ。「仕切りたがり」さんかもね。

散らばった話をまとめてくれるリーダータイプのやつって、クラスでの話し合いとかだとありがたいよな！

これやっぱり
あっちに
置こうかな〜

だから
それはここに
置くんだって！

だから言ったのに…

は〜い！

「いちおう」

解説

「いちおう」には、「やってみるけど、できるかはわからないよ？」という気持ちがこもっているの。自分に自信がないか、「ほら、"いちおう"って言ったじゃん」って言うための先手を打つ、したたかな子の口ぐせだよ。

似た言葉に、「とりあえず」があるぞ。たとえできなくても傷つかないように、予防線を張るための言葉なのだ。

いちおう
終わらせたよっ

ま〜
いちおう
やるけど…

宿題

「いや…」

解説

会話の最初に、「いや、だからさぁ」と、相手の話を否定しようとする言葉だよ。自分の意見や話を通そうとして出る言葉だから、自己主張の強いタイプの子に多い口ぐせだといえるね。

この言葉、言われたほうはイヤな気持ちになるけど、言ったほうは無意識なことも多いみたい。注意するのだ！

「なんか」

解説

意見を言う前にあいまいな言葉をつけ足すのは、相手の反応を気にして、はっきり言いきるのを避けたいから。争いごとを好まない性格……というと聞こえはいいけど、人任せにしがちな、責任感がない子ともいえるよ。

たしかに、もめごとは起きないかもしれないけど、なんでも「なんか」ってぼかされると、本音が見えないよな〜。

142

「じゃあ」

解説

「じゃあ」をよく使う子は、ちょっぴりせっかちさんの可能性大。早く結論を出したいんだね。あまり人の話を聞かない一面もあるかも。好奇心おうせいで、流行にびんかんな子に多い口ぐせでもあるよ。

これ、ことねがよく言う！ あいつせっかちだし、だらだら話すの嫌いだから、すぐまとめようとするんだろうな～。

ちょっと体調いまいちでもしかすると明日…

じゃあ明日はなしってことで！

「えっ…」

解説

話しかけられたときに、「えっ…」とつい言ってしまう子は、ちょっぴりおくびょうな性格だといわれているよ。「えっ…」と言って会話に間をつくることで、気持ちを落ちつかせようとしているんだ。

とくに、予想していない話を振られたときに出る口ぐせみたい。会話に自信がもてれば、自然と言わなくなるのだ。

ねぇねぇこれいっしょにやろうよ～

えっ…あ、うん！

「ほんとに!?」

何度も「ほんとに?」と確認するのは、慎重で、ちょっぴり疑い深い子に多い口ぐせだよ。相手の本心がわからないのかもしれないね。軽いノリで言う「ほんとに?」は、あいづちのひとつで、深い意味はないみたい。

贈りものをもらうなど、何かしてもらったときに、感動をこめて「ほんと!?」ということもあるぞ♪

これあげる〜

ほんとにっ?

〇〇ちゃん
ケガしたって…

ほんとに!?

「ふつうは…」

自分の意見を通すために、「ふつうはこうするものだけどね!」なんて言い方をする子がいるよね。相手を責める気持ちと、「自分の意見としては言いたくない」という自信のなさから生まれる言葉だよ。

あれ? 子どもだけじゃなくて、大人でもこういう言い方する人いるよな〜。嫌味っぽくてちょっと苦手だ…。

いす
借りてる〜

うん

ふつうは先に言うけどね

144

「絶対に」

解説

「絶対に」をよく使う子は、理屈よりも、自分の感情でものごとを判断するタイプみたい！　また、「絶対に優勝するぞ！」など、目標といっしょに口にする場合は、自分に言い聞かせようとする意味合いが強いよ。

目標に向かって「絶対に」と口にするのは、ねばり強くて意思が強い子に多い口ぐせ。夢があるってすてきなのだ♪

あの店のケーキが絶対にいちばんおいしいんだから♡

フラれたけど…　絶対にあきらめない!!

「すごい！」

解説

何に対しても「すごい！」という子は、盛り上げじょうずでコミュニケーション能力が高い子だよ。自分の意見を言うよりも、相手をもち上げることで、その場の空気をこわさないようにして出る言葉でもあるんだ。

「すごい！」って言われると、悪い気はしないもんな〜！でも、あんまり言いすぎると言葉が軽く聞こえるかも？

新しく買ってもらったの♡

すご〜い!!

幽霊見ちゃって…

すごい…

え？ほんとかな…

「どっちでもいい」

興味がなくて言っている場合もあるけど、じつはもうひとつ可能性が。本当は自分の中で答えを決めているのに、相手に対して「気持ちをわかってほしい！」という期待から、「どっちでもいい」と発言することもあるの。

「わたしの気持ち、当てて」って期待して言っちゃうんだな(笑)。相手はエスパーじゃないから、ほどほどにするのだ。

どっちがいい？

こっちとあっち

どっちでもいい！

ほんとはこっちがいいな

「別にいいよ」

ほかの子に意見を求められて、「別にいいけど〜」と言うのには、2つの気持ちがこめられているの。「言っても仕方ない」というあきらめと、「わかってもらえない」という不満がかくれた言葉なんだよ。

相手に対して壁をつくる言葉でもあるのだ。言えない不満がたまらないように、本音を言う機会もつくるといいぞ！

ねっ、いいよね！

うん、うん!!

…

○○ちゃんは？

別にいいよ—

「しょうがない」

解説

「くよくよしたってしょうがない」というのは、前向きな言葉！ でも、「○○だったししょうがない」と、自分をなぐさめるために言う言葉でもあるよ。この場合、失敗するのがイヤで先に言い訳を考えているんだね。

うわあ。オレ、「昨日はお腹痛かったししょうがない」とか言うかも……。前向きな意味で使うように気をつけよう！

くよくよしたってしょうがない!!

昨日勉強できなかったししょうがない…

「って感じ」

解説

142ページの「なんか」といっしょで、自分の意思や意見をあいまいにしようとする言葉だよ。自己主張をすることで、相手と意見が食いちがったり、対立したりするのを避けようとして出る言葉だね。

「●●みたいな」「●●っぽい!」「●●だったりして～」なども、あいまいにしようとするために発する言葉なのだ。

なんか
〇〇だよねー

〇〇って感じ

みたいなー

〇〇っぽい！

「自慢話～♪」

> この間ママといっしょに○○に行ったら…あっ○○ってすごくてぇ～

解説

　自慢ばかりするのは、「わたしのことを認めて！」「ほめて！」という気持ちの表れ。自分が特別だと思う気持ちが強いのかも？　じつは自分に自信がなくて、不安を解消するために自慢話をしている可能性もあるよ。

> 自慢話がすべて悪いとは言わないけど、相手の話を聞かずに一方的に自慢話ばかりしないように気をつけるのだ！

「忙しいーっ」

> 忙しくてあんまり寝れてない～

> 忙しくてできなかった…

解説

　「忙しい」には、2パターンの気持ちがこめられているの。ひとつは、「仕事を任されて忙しい自分、すごくない？」というアピール。もうひとつは、スケジュール管理ができていないことへの言い訳だよ。

> あっ、「忙しい」ってつい言っちゃうかも。自分を守ったりアピールしたりするための言葉だったんだなぁ。

「わたしはっ」

＞解説＜

　日本語は、「昨日でかけたよ」と、"一人称"を省略することが多いもの。会話中に、「わたしは」「オレは」と、一人称をたくさん使う子は、自己主張や自己顕示欲（102ページ）が強い傾向があるんだ。

自分を信じている、意思が強い人に多い言葉だぞ。自分に自信をもつのはいいことだけど、ほどほどにするのだ★

わたしね
わたし このあいだ
わたしは こう思う
わたしも あのとき

「わたしって○○だから」

＞解説＜

　「わたしって天然だから」「わたしってきれい好きだから」と、自分を型にはめるのは、自分をアピールしたい気持ちが強い子に多いよ。何度も言いすぎると、うっとうしいって思われてしまうから気をつけて！

「わたしって人見知りだから、友だちができなくて」みたいに、言い訳に使うこともある言葉だよな～。

○○ちゃんはどう思う？

わたしってバカだから聞かれても～

そ、そう...

「どうせ…」

ネガティブな子に多いのが、「どうせ…」という口ぐせだよ。「どうせダメに決まってる」って、自分に価値がないと決めつけているから出る言葉。もし、自分の口ぐせが「どうせ…」なら、Lesson2をよく読んでみて！

この言葉には、「自分を落とすことで、だれかになぐさめてほしい」「かまってほしい」という気持ちもあるのだ。

まぁまぁ…

どうせわたしは…

「みんな言ってる」

「みんな言ってる」「みんなやってる」の「みんな」って、だれのことだろう？この言葉をよく使う子は、自分の意見をたくさんの人の言葉ということにして、相手を説得したり、自分が安心したい気持ちが強いみたい。

母ちゃんに「みんなってだれ?」って言われて、じつは友だち2人だけだったりするの、あるあるだよな～。

ほんとは2人だけ

みんなも持ってる…！

「大丈夫！」

> ＜ 解説 ＞

人に心配の言葉をかけてもらっても、つい「大丈夫！」と言ってしまう子がいるよね。これ、じつは自己評価が低い子に多い口ぐせなの。人に心配されると、「迷惑かも？」って思って、つい強がってしまうんだよ。

他人に頼るのは、決して悪いことじゃないぞ！　自分を大切にして、無理しすぎないようにしてほしいのだ。

体調悪いの？

大丈夫‼

「かわいい♥」

> ＜ 解説 ＞

「かわいい」は、魔法の言葉！　人やものをほめる言葉はたくさんあるけど、なんでも「かわいい」って言う子が増えているんだ。「お気に入り」や「好き」のほかに、じつは「かわいそう」というあわれみの意味もあるんだって。

「かわいい」は、“自分と同じくらいか、それ以下”のものにしか使わないという説もあるのだ……！

かわいい

かわいい

かわいい

POINT 4 ファッションから読みとこう

ファッションから人の気持ちが読みとけるなんて、「ウソだぁ」って思う子もいるかもしれないね。服には、「わたしはこういう人間だよ」ってまわりに自己紹介する役割があるから、「こんな風に見られたいな」という気持ちがこめられているものなんだよ。それに、朝、その子が選んだ服には、「今日の気分」も表れているんだ。

ここでは、日常の服や部屋着、バッグ、よく身につけている色などから、相手の気持ちを読みとく方法をレクチャーするよ♪

✦ ファッションで ✦ 気持ちも変わる

明るい色の服を着たときに気分が明るくなったり、かっちりした服を着ると気分がかしこまったりすること、あるんじゃないかな？ 身につけている服によって自信がつき、気分が変わることもあるんだよ♪

わたし地味だし…

意外とかわいいかも！

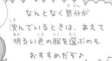

なんとなく気分が沈んでいるときは、あえて明るい色の服を選ぶのもおすすめだぞ♪

ファッションのナイショテク①

着ている服と中身は同じではない!?

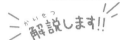

解説します!!

明るく、ハデな服を着ている子を見ると、「元気な子なのかな?」という気持ちになるよね♪ でもじつは、ファッションは「人からこう思われたい!」という願望の表れでもあるから、かならずしも中身と服の印象が一致しているわけではないんだ。ただし、152ページで紹介したように、ファッションで気分は変わるもの。ハデな服を着ているうちに、本当に明るい性格になる……なんてこともあるよ♪

コーデの傾向ごとに、その子の性格や願望を読みといてみるのだ。

ファッションと性格の関係

ハデなコーデ

楽しい子だと思われたい気持ちが強いよ。意外とさびしがり屋さんかも。

シックなコーデ

まわりに一目置かれたいと思っているよ。じつは自信家さんが多いんだよね★

個性的コーデ

とってもまじめな子。自分のことを「つまらない子」と思っているのかも……。

イマドキコーデ

まわりに合わせることに安心感を覚える子だよ。案外目立つのがニガテなのかも。

おうちにいるときの服で 本当の気持ちはバレ②!

解説します!!

休日、「今日は一歩も外に出ないぞ!」という日、どんな格好をしている? おうちの人に「着替えなさい!」って言われる子は難しいかもしれないけど、自由に服を選べるなら、自分がどんな格好で過ごしているか、チェックして見てね♪

ポイントは、おうちにいるときにだらしなくなるか、外にいるときと変わらないか。自分だけじゃなくて、おうちの人の服をこっそり診断するのも楽しいかも★

部屋着の選び方でチェック!

スウェットやジャージ

家の中では、リラックスできることを優先するよ♪ オンとオフの切り替えがはっきりしているタイプみたい。

カジュアルな私服

トレーナー+ジーンズなどのカジュアルな私服で過ごす子は、オンとオフのバランスがちょうどよくて、落ちついたタイプだよ。

パジャマ

ズバリ、ひとりで過ごすのが好きなタイプ! 家の外にいるときと中にいるときの落差が大きい子だよ。もしかすると、ふだん外でストレスを抱えているのかも。

おしゃれな服

おでかけするみたいなおしゃれな服を着ている子は、几帳面さん! 人と接することに不安を感じているタイプかも。

あっ、オレの姉ちゃん、家にいる日は1日中パジャマ着てるなぁ。

この診断、友だちの部屋着をチェックするのは少し難しいけど、そのぶん「自分」や「おうちの人」で見てみてほしいのだ!

バッグを見ると
女の子のタイプがわかる！

解説します!!

休日、友だちやおうちの人とでかけるとき、どんなバッグを持っていくかな？　とくに女の子にとっては、バッグは「自分の分身」ともいえる存在。どんなバッグを選ぶかで、性格や気分が読みとけちゃうんだよ。

「バッグはおうちの人に借りる」という子は、おうちの人の性格をこっそり読みといちゃえ★

バッグのタイプと性格のタイプ

女の子って、バッグにすごくこだわるよな～。ことねは、リュックのことが多いけどー。

大きなバッグ

荷物の量に対してバッグが大きい場合、心配性さんだよ。整理せいとんがニガテで、なんでもかんでも持ち歩いちゃうタイプかも！

リュックサック

両手を空けられるリュックででかける子は、アクティブで元気いっぱいなタイプだよ！　ちょっぴりケンカっ早い一面もありそう。

クラッチバック

片手がかならずふさがるクラッチバッグを持っている子は、こだわり屋さんで、がんこなタイプ。人の話を聞くようにするとGOOD♪

小さなバッグ

ポシェットなどの小さめバッグを愛用する子は、几帳面さん。じつは「かわいらしさ」「上品さ」をまわりにアピールしたいのかも。

ファッションのナイショテク④

好きな色で、心理状態がまるわかり!?

解説します!!

心理学のなかに、「色彩心理学」というものがあるよ。色と人間の関係性についての学問のことだけど、ここでは、好きな色によってわかる、簡単な性格診断を紹介するよ。

好きな色を直接聞かなくても、「どんな色の服を着ているか」をチェックすれば、性格は見えてくるはず！

好きな色ごとの性格タイプ

赤
積極性を表す色だよ。正義感が強い、リーダータイプの子が好む色。ちょっぴりケンカっ早い性格かも。

ピンク
思いやりを表す色だよ。気配りを欠かさない子みたい！ 恋の話が大好きで、つねに好きな人がいそう♥

オレンジ
陽気で明るい色。人の心をあたたかくする、太陽の色だね。人とのつながりを大事にする、元気な子！

黄色
明るさ、あたたかさを表す色だよ。大きな夢をもっているタイプ！ 努力できる才能があるよ。

青
静けさを表す色だよ。安定していて、落ちついた性格の子が多いみたい。平和が何より大切なタイプ！

みどり
自負心を表す色だよ。がまん強くてまじめな子が好む色で、自分のことを冷静に分析できるのが強み！

むらさき
神秘性を表す色だよ。せんさいで、感受性が強いタイプ。ロマンチストさんが多いみたい♥

茶色
ぬくもりを表す、安心感のある色だよ。まじめで、マイペース＆がんこな性格の子が好む傾向があるんだ。

黒
クールな反面、ちょっと孤独な色だよ。ひとりでいるのが好きで、ヒミツ主義な子が好む色なんだ。

白
清潔さ、まじめさを表す色だよ。誠実で、ものごとにはコツコツていねいにとり組むタイプみたい！

LESSON

5

友だち関係の
トラブルを
のりきろう

日常生活の
お悩みなんでも相談室

毎日の生活の中にも悩みはつきないもの。
ここでは JS のみんなの友だち関係のお悩みを
紹介して、解決方法を考えていくよ！

友だちにイヤなことを
言われて悲しかった

お気に入りの洋服を着て学校へ行った
ら、クラスメイトに「ダサい」って笑
われちゃった……。こんなふうに、友
だちの心ない一言に傷ついてしまうこ
ともあるよね。いじわるな友だちとは
どんなふうにつき合えばいいかな？

人を攻撃する… 劣等感が原因かも！

劣等コンプレックスが強い人ほど、相手を攻撃したり、悪口を言ったりするもの。こ
れは、相手のことを引きおろして自分と同じところに立たせようとする心理がはたら
くからなんだって。そういう人とは、対等にわたり合おうとしなくてOK。「劣等感が
強く、自信のない人なんだな」と、少し大目に見てあげて。

コンプレックスってなんだろう？

コンプレックスとは、複雑にからんだ感情の複合体のこと。「強い愛情」や「執
着」という意味で使われることが多いよ。マザコンと略される「マザーコンプレッ
クス」は、お母さんに対してほかの人よりも強い愛情を感じるという意味なんだ！

ポイント 1

反応しないこともひとつの選択肢

相手にイヤなことをされたとき、あえてスルーというのも効果的だよ。何かしらの反応をすることで、攻撃がエスカレートすることもあるんだ。たとえ攻撃されたとしても、悪いのはあなたではなく相手。自分を責めたりせず、堂々としていよう！　あなたに相手にされないことがわかれば、攻撃もおさまっていくはず。

ポイント 2

感情的にならず、不満は整理して伝える

相手の行動によっては、放っておけるものばかりではないよね。「やめてほしい」と相手に伝えるときは感情的にならず、落ちついて話すようにしよう。いくら腹が立っていても、「○○するなんて最低！」と、相手の人格そのものを否定するような言い方はやめてね。「○○されて悲しかったんだ」などと、自分がどう思ったかを伝えるのが効果的。伝えたいことはあらかじめ紙に書き出して、整理しておくとGOOD！

まとめ

● 相手に自信がないことをわかってあげよう

● 同じことを自分がしてしまわないようにしよう

仲のいい友だちと
ケンカしちゃった……！

仲のいい友だちとのおしゃべりの最中、ついカッとなってきつい言い方をしてしまい、大ゲンカに。だれでも経験があるんじゃないかな。ケンカによって気まずくなった関係を修復するにはどうしたらいいだろう？

ケンカをする… コミュニケーションがとれている！

だれしもケンカや争いごとなどのトラブルはさけたいもの。だけど、トラブルをさけようとするあまり、コミュニケーションが不足してしまうこともよくあるんだ。その点、友だちとケンカするということはしっかりコミュニケーションがとれている証拠。かならずしもマイナスなことばかりではないんだよ♪

ケンカでほどよいキョリ感が見つかる

ドイツの哲学者・ショーペンハウアーによる、こんなたとえ話があるよ。『ある寒い夜、2匹のヤマアラシが体をくっつけ合って温まろうとしたところ、自分のトゲで相手のことを傷つけてしまいました。そのあと2匹はくっついたりはなれたりしながら、お互いにとってちょうどいいキョリ感を見つけました』。このように、ふたりにとってちょうどいいキョリ感は、いっしょに悩んで考えながら見つけていくものなんだ！　2匹のヤマアラシの話は人間関係のトラブルの例としてもあげられ、「ヤマアラシ・ジレンマ」と呼ばれているよ。

ぶつかり合うことでよりキズナが深まることもあるんだね！

ポイント 1

お互いに冷静になる

ケンカの直後は気持ちがたかぶっているもの。まずは少し時間をおいて、頭が冷えるのを待とう。心を落ちつけて冷静になれば、どうすればケンカをさけられたのか、自分が反省するべき点はどこなのかが見えてくるかもしれないよ。

ポイント 2

仲直りしたいという気持ちを伝える

冷静になったあと、やっぱり仲直りしたいと思ったら、その気持ちをすなおに伝えてみよう。「仲直りしたいんだけど、話せるかな？」と伝えればOK！まだ直接話しかけられないというときは、伝えたいことを手紙に書いて渡してもいいね♪

ポイント 3

あやまるときは表情やしぐさも大切

自分にも悪いところがあったなら、そのことはあやまらなくちゃいけないね。だれかにあやまるときは、表情やしぐさ、態度もとても大切。ふざけた態度やニコニコ笑いながらあやまったら、「本当に反省してる？」と思われちゃうかも！

メラビアンの法則

アメリカの心理学者・メラビアンの研究によると、人が会話のときに重視するのは表情やしぐさが55%、声のトーンや速さが38%、話の内容が7%なんだそう。表情やしぐさがどれだけ大切かよくわかるね！

まとめ

● 打ちとけ合っているからこそケンカをすることもある

● 仲直りをしたい気持ちはすなおに伝えよう

かんちがい
されちゃったかも……

相手に気持ちがうまく伝わらなかったり、ほかの人をはさんで伝えたことで誤解されちゃったり……。小さなかんちがいがきっかけで友だちと気まずくなってしまったら、どうやって誤解をとけばいいのかな？

かんちがい… 言葉が足りなかったのかも！

友だちにかんちがいされたり、誤解されちゃうことが多い人は、言葉が足りていないのかもしれないよ。「これくらい言わなくても伝わる」と思わず、小さなことでも言葉で伝えるよう意識してみてね！　とくに、大事なことを伝えるときは「今の説明でわかった？」などと確認するのがよさそう★

ポイント

あせって誤解をとかなくても大丈夫

友だちにかんちがいされていると気づいても、あせりは禁物。あわてて否定しようとすると、言い訳しているように見えてしまうんだ。そもそも、かんちがいされているだけで悪いことはしていないのだから、堂々としていればOK。あせらずゆっくり説明すれば、すぐに誤解もとけるはずだよ♪

まとめ

● 大切なことはきちんと言葉にすること

約束を守って
もらえなかった

いっしょに学校へ行く約束をしていたのに、時間になっても友だちが来なくて……。仕方なくひとりで登校したら、その子は別の友だちと登校してたの！こうやって約束をやぶっちゃう人の心を、少し探ってみよう！

約束をやぶる人… 自分勝手な可能性大！

約束を平気でやぶる人は、相手の都合を考えない人。つまり、自分勝手な性格だといえるよ。そういう人は、友だちとの約束を重要なことだと考えていないことが多いみたい。約束を守ってもらえなくて悲しい思いをしたこと、また、自分の時間までムダになってしまったということを、しっかりわかってもらおう！

ポイント 1

悲しかったと伝える

まずは「約束を守ってもらえず悲しい思いをした」ということを伝えよう。相手は約束を重要に思っていなかったかもしれないから、あなたがその約束をとても楽しみにしていたことを伝えられるといいね。

ポイント 2

気分転換をする

約束をやぶられて落ちこんだときは、早めに気持ちを切りかえられると◎。長い間悩むと、どんどんテンションが下がってしまうよ！ ほかの友だちを誘ってもいいし、まったく別のことをして気分転換してもいいね♪

まとめ

●約束をやぶられて悲しいと相手に伝えよう

友だちを誘ったのに断られちゃった

友だちを遊びに誘ってみたら、そっけなく断られちゃった……。こんなことがあると、「わたしと遊びたくないのかな?」なんて考えちゃうかもしれないね。だけど、だれにでも都合はあるもの。あまり深刻に考えすぎないで。

断られた… 相手にも都合があると考えよう

誘いを断わられちゃったとき、真っ先に「嫌われた」と思わず、都合が悪かっただけだと考えよう。相手にもすでに予定があったかもしれないし、もしかしたら、今日は早く帰って家でゆっくりしたいと思っていたかもしれないよね。次からはいきなり誘うのではなく、何日か前に声をかけておくといいかも!

ポイント

必要以上に悩みすぎない

「断られた」ということを深刻に考えすぎると、どんどん悲しい気持ちになっちゃいそう。せっかくなら、代わりにどんなことをしたいか考えてみよう。ほかの友だちを誘って遊ぶのもいいし、たまにはゆっくり本を読んで、リラックスするのもいいかも!必要以上に気にしすぎないでね。

ほかにも楽しいことはいっぱいあるよね! どんなことをしたいか考えてみて~♪

誘いをじょうずに断るには？
ヨつのワードを使いこなそう！

反対に、友だちの誘いを断らなきゃいけないとき、相手を悲しませずにすむ方法を知っておこう！

ありがとー！

ワード①
「ありがとう」

まずは相手にお礼を言うこと！「誘ってくれてありがとう」と、誘ってもらえてうれしかった気持ちを伝えるようにしよう。相手もきっと、誘ってよかったと思ってくれるはずだよ♪

ワード③
「また誘って」

やむをえず誘いを断らなきゃいけないときも、「今日は都合が悪いけどまた誘ってほしい」と伝えよう。そうすれば、相手も次の機会にもう一度誘いやすいよね！

ワード②
「この日はどう？」

自分から都合のいい日を提案するのも効果的★「今日は予定があるけど、明日はどう？」というふうに、別の日を提案してみよう！そのまま次の約束ができるかもしれないね。

相手にイヤな思いをさせないように、断り方も工夫してみるといいぞ！

まとめ

● 誘うときは相手の都合を考えよう
━━━━━━━━━━━━━━━━━━━━━
● 断られても相手を責めたり、落ちこんだりしない

よろしく〜！！

うぅ…

苦手な子と
同じ班になっちゃった

席替えをしたら、苦手だと思っている子と隣の席に！　これからやっていけるかな……。なんて、不安な気持ちになることもあるかもしれないね。苦手意識をもってしまったときはどうやって克服すればいいのかな？

苦手意識… 相手を知ることで克服しよう！

よく知らない相手に対しては、だれでも苦手意識をもってしまうもの。苦手だからとキョリをとらず、まずは相手を知る努力をしてみよう。好きな音楽やファッションの話、芸能人の話をするなど、積極的に話しかけてみるのがよさそう。自分との共通点が見つかればふしぎとキョリも縮まるものだよ♪

ポイント1

自分を知ってもらう

相手のことを知りたいときは、自分のことも知ってもらわなくちゃいけないね♪　自分の趣味や特技を交えながらおしゃべりしてみよう。相手も、あなたのことを知ることで少しずつ心を開いてくれるはず！

ポイント2

テンポが合わない人も

なかには、どうしても会話のテンポが合わないという人もいるんだ。無理してつき合う必要はないけど、苦手意識を態度に出すのはやめてね。それが相手に伝わると、悲しい思いをさせてしまうかもしれないよ。

まとめ

● 相手のことを知れば、苦手意識がやわらぐかも！

友だちの悪口を言っている子が……

友だちとおしゃべりしていたら、いつの間にかほかの子の悪口に。こんなとき、どうすればいいかな？ 注意するのも気まずいし、かといっていっしょに悪口を言うのはダメだよね。そういう場合の対処法を見てみよう！

悪口を言う人… 自分に自信がない人が多いよ

自分に自信がない人は、弱い自分をかくすために悪口を言ってしまうことが多いみたい。158 ページでも説明したように、劣等コンプレックスが強いのかもしれないね。そういう人は、ほめてあげると満足度がアップして悪口を言わなくなるかも。その子のいいところを見つけて、たくさんほめてあげて♥

ポイント

話題を変えてしまうのが◎

人の悪口は、聞いているほうも悲しい気持ちになってしまうもの。本当は「やめて」と言えるのがいちばんだけど、なかなか難しいこともあるよね。そんなときは、話題を変えてしまうのがよさそう♪ 新しいゲームの話や、学校の行事の話、流行りの TV の話など、相手がくいついてくれそうな話題にさっとチェンジしちゃおう！

まとめ

● 悪口を聞いたら、話題を変えてしまおう

貸したものを
なかなか返してくれない

友だちどうしでゲームやマンガの貸し借りをしたはいいけど、全然返してもらえなくて困ってしまった経験がある子もいるんじゃない？　すなおに返してほしいと言えたらいいのだけど……難しい場合もあるよね。

ものを返さない…　　**価値を軽く見られているのかも**

借りたものを返さない人は、なにもいじわるしたくて返そうとしないわけじゃないんだ。ほとんどの場合、借りたものの価値を軽く見ていることが多いよ。そういう人は、だれかに借りたものでも乱雑にあつかってしまうことがあるから注意が必要。貸し借りのしかたは考えたほうがいいね。

ポイント1

大切なものだと伝える

あなたにとって大切なものだとわかれば、借りる人の意識も変わるかも。たとえばマンガを貸すとき「大好きなシリーズだからていねいに読んでね」と伝えみよう。相手もきっと、大切にしようと思ってくれるはず♪

ポイント2

期限を決めておく

ものを貸すときに「○日までに返して」と伝えておくのも効果的。「次に貸す約束をしている人がいるから」と一言そえれば、嫌味な感じがしないから安心してね♪　これは、自分が借りる立場になったときも同じだよ。

まとめ

● ものの貸し借りは期限を決めておくと安心！

ぽつーーん…

もしかして
いじめられてる……？

「最近、クラスから孤立しているかも？ クラスメイトもこっちを見てヒソヒソ話している気がするし……。これってもしかして、いじめなの？」今回は、そんな"いじめ"についてのお悩みの解決方法を見ていくよ。

いじめ… **欲求不満を人にぶつけている**

いじめは「ほかの人より優位に立ちたい」という気持ちから生まれるもの。いじめをする人は、相手の反応を楽しむことで、欲求不満を解消しているのかもしれないね。どんなささいなことでも、あなたが「いじめられている」と感じたならそれはまちがいなくいじめだよ。ひとりで抱えこまないで！

ポイント 1
信頼できる人に相談

まずは友だちや家族、先生など、信頼できる人に相談してみて。ひとりだと「自分が悪いのかも」とネガティブに考えてしまいがちだけど、そんなことはないから大丈夫。だれかに話すと少し前向きになれるはずだよ。

ポイント 2
あえて鈍感になる

周囲の視線や友だちの声にびんかんになっていると、どんどん心がつかれてしまうんだ。ときにはあえて鈍感になって、聞こえないフリや、見えないフリをすることも大切。心ない言動には反応せず、スルーしちゃおう。

まとめ

● ひとりで抱えこまず、だれかに相談しよう

クラスメイトが
全然協力してくれない！

楽しみにしていた学校行事なのに、クラスメイトが協力的でないと、なんだか盛り下がっちゃうよね。せっかくならみんなで楽しい思い出をつくりたいし、どうしたらやる気を出してもらえるか考えてみよう★

協力してほしい… 思いきって相手に頼ってみる！

人はだれでも、期待されたり、頼りにされたりするとその気持ちにこたえたくなるもの。協力してほしい人がいるときは「あなたの力を借してほしい」ということを伝えてみよう。その人の得意分野で何かお願いできることがあるとさらにいいよ！ 頼りにされていることがわかると、とたんに協力的になる人も。相手を気持ちよくさせつつ、思い通りに行動させちゃうテクニックだよ★

ポイント

ネガティブな言葉は使わないように

みんなに協力してほしいときは、ネガティブな言葉は厳禁。たとえば、「ちゃんとやって」とか「やる気あるの？」なんて言ったりすると、ますますやる気が下がっちゃうよ。クラスがまとまっていないときこそみんなのいいところを見つけて、「さすがだね」とか、「今のすごいね」などの前向きな言葉をかけてあげよう！ こうした小さな積み重ねで少しずつやる気を高めてね★

クラスメイトのやる気を高めるテク

やる気をアップさせちゃうようなテクニックはほかにもあるよ。いざというときに実践してみてね！

まずは自分から本気の姿勢を見せる

だれかが本気になれば、それに続いてみんなもやる気をみせてくれそう！ 勇気がいるかもしれないけど、クラスで一丸となるため、まずはあなたが本気になって、クラスメイトをリードしちゃおう！

運動会や音楽会のときためしてみたいな！

うまくできたら大げさに喜ぶ

やる気を高めるには、雰囲気づくりも大切だよ！ うまくいったり、いいことがあったときは少し大げさに喜んでみよう。そうやってその場の空気を盛り上げているうちに、クラスメイトの気分も上向きに★

おそろいアイテムで団結力アップ！

おそろいは、団結力を高めるのに効果的。ユニフォームでもミサンガでもお守りでも、みんなでおそろいのアイテムを持つと、それだけで仲間意識が生まれるよ！ 自然にやる気もアップしそう♪

まとめ 🧰

- ●協力してほしいときは、まず相手を頼ってみる
- ●ポジティブな言葉でやる気を高めよう

友だちへの不満が
たくさんある

友だちのささいな言動にイライラしてしまったり、どうしても許せない行動があったりすると、「わたしって心がせまいのかな」と悩んでしまうこともあるよね。だけど不満をもつのは、かならずしも悪いことではないんだよ！

不満がある… → 理想をしっかりもっている証拠

ほかの人に対して不満がたくさんあるということは、それだけ理想をしっかりもっているということ。友だちがあなたの理想どおりにふるまってくれないから、イライラしてしまうのかもしれないね。理想が高いのはすてきなことだけど、それをほかの人にまで押しつけてしまうと、不満の原因になってしまうよ！

ポイント 1

相手に期待しすぎない

ほかの人にまで自分の理想どおりにふるまってもらうのは、残念ながら不可能なんだ。ちょっと不満に思うことがあっても、その人の個性だと受け入れよう。相手に期待しすぎなければ、不満が生まれることも少なそう。

ポイント 2

伝え方に注意しよう

信頼している友だちならなおさら、不満を正直に伝えるべきときもあるよね。上から目線な言い方をするとケンカになってしまうかもしれないから「こうしてくれるとうれしい」と、お願いするのがいいよ♪

まとめ

● 自分の理想や期待を相手に押しつけない

友だちと同じ人を好きになっちゃった！

仲よしの友だちと同じ人を好きになってしまったことに気づいちゃった！そんなとき、あなたならどうする？恋を優先するという人もいれば、友情をとるという人もいるよね。こればっかりは、正解はないみたい。

友情と恋愛… どちらが大切か決まりはない

友だちとライバルになる覚悟で恋愛を優先するのも、恋をあきらめて友だちの応援をするのも、あなた自身が決めたことならどちらも正しい選択だよ。だけど、友だちを応援するフリをしながら自分の恋を優先するような不誠実な行動は、あとでトラブルになる場合もあるから気をつけて！

ポイント

自分の気持ちにウソをつかないように

どういう選択をするのか自分次第だけど、自分の気持ちにウソをつくことだけはしないでね。自分の本心とちがう選択をしてしまうと、後悔が残ってしまうかも……。つらい気持ちを長い間ひきずってしまうこともあるんだ。反対に、すなおな気持ちにしたがって行動すれば、どんな結果になったとしても「自分で決めたこと」として受け入れられるはず♪

まとめ

● 後悔がないように、自分の気持ちにしたがおう

…フレン？

えっ!?

めあり
フレンのこと
知ってるの？

って、ええっ!?
ことねも？

にこもフレンと
話したんだ!?

オレもフレンと
会ったぜ〜！

フレンが教えてくれたことを
忘れずに、大切な友だちとの
キズナを深めようね！

今度は君の
ところに
現れるかも!?

監修 渋谷昌三（目白大学 名誉教授）

非言語コミュニケーションを基礎とした「空間行動学」という研究領域を開拓。人のしぐさや行動から深層心理を探ることをテーマに研究している。自己発見、人間関係、ビジネス、恋愛など著書のテーマは幅広く、これまでに400冊以上の本の製作に携わる。

Staff

カバー・まんが	池田春香
イラスト	まさきりょう、オチアイトモミ、おうせめい、きすけくん、こかぶ、紺ほしろ
デザイン・装丁	片渕涼太（H.PP.G）
DTP	Kプラスアートワークス
編集	朽木 彩、松下郁美（株式会社スリーシーズン）

参考文献：『渋谷先生の一度は受けたい授業 今日から使える心理学』(ナツメ社)、『面白いほどよくわかる！他人の心理学』(西東社)、『面白いほどよくわかる！自分の心理学』(西東社)、『面白いほどよくわかる！見ため・口ぐせの心理学』(西東社)、『心理学でわかる ひとの性格・感情辞典』(朝日新聞出版)

本書の内容に関するお問い合わせは、**書名、発行年月日、該当ページを明記の上、書面、FAX、お問い合わせフォームにて、当社編集部宛にお送りください。電話によるお問い合わせはお受けしておりません。**また、本書の範囲を超えるご質問等にもお答えできませんので、あらかじめご了承ください。

FAX：03-3831-0902

お問い合わせフォーム：https://www.shin-sei.co.jp/np/contact.html

落丁・乱丁のあった場合は、送料当社負担でお取替えいたします。当社営業部宛にお送りください。本書の複写、複製を希望される場合は、そのつど事前に、出版者著作権管理機構（電話：03-5244-5088、FAX：03-5244-5089、e-mail：info@jcopy.or.jp）の許諾を得てください。

[JCOPY] ＜出版者著作権管理機構 委託出版物＞

めちゃカワMAX!!
小学生のステキルール 友だちと仲よくなるBOOK

2020年8月5日 初版発行
2024年9月25日 第4刷発行

監修者	渋 谷 昌 三
発行者	富 永 靖 弘
印刷所	株 式 会 社 高 山

発行所 東京都台東区 株式 台東2丁目24 会社 新星出版社
〒110-0016 ☎03（3831）0743

ISBN978-4-405-01253-0

秘密の

特別ふろく

プロフィール帳

友だちとのキズナを深める必須アイテム♪
仲よくなりたい子や気になる子に渡して、
こっそりキョリを縮めちゃお♡

プロフィールを交換すれば 友だちとのキョリも急接近 ♥

友だちのことをもっとよく知るために、プロフィールを書いてもらおう！ 次のページからはじまるプロフィールシートを切って使ってね。シートが足りないときはコピーしてもOKだよ♪

自分のプロフを書いてみても楽しいのだ！

点線で切りとって使ってね！

穴をあけてリボンやリングを通そう

DATE {　　.　　.　　}

PROFILE
プロフィール

COMMENT
これから よろしくね♥

NAME 高橋めあり
ニックネーム
NICK NAME メアリ
SNS @mealiiixxx
ADDRESS 東京都△△△

TEL 090-XXX-XXXX
MAIL x○x○@xxx.ne.jp

写真orイラスト

わたしは 20XX 年 7 月24 生まれの しし 座だよ！
血液型は A 型で、性格は 明るい☆ かな？
趣味は カラオケ で特技は 暗算 ！ 最近は 動画を見る のにハマってるんだ★ じつはハムスターに似てるって言われたことがあるよ♪
有名人だとショウくん♥ の大ファンで、毎日 食事？ してるときが幸せ♥
好きなタイプは 天然な人 で、ぶっちゃけ好きな人は います いないよ
その人の名前 (イニシャルでもOK！)は T・k だよ♥♥♥
今いちばんほしいものは ゲーム機 で、将来の夢は学校の先生！
10年後のわたしはきっと お金もち！ だろうなー♪

PROFILE

プロフィール

DATE〔■.■.■〕

COMMENT
コメント

NAME なまえ

NICK NAME ニックネーム

SNS エスエヌエス

ADDRESS じゅうしょ

TEL でんわ

MAIL メール

写真orイラスト しゃしん

わたしは 　　　年　　月　　　生まれの　　　　座だよ！

血液型は　　型で、性格は　　　　　　かな？

趣味は　　　　　で特技は　　　　！ 最近は　　　　　　をするのに

ハマってるんだ★ じつは　　　　　に似てるって言われたことがあるよ♪

有名人だと　　　　　の大ファンで、毎日　　　　　してるときが幸せ❤

好きなタイプは　　　　　で、ぶっちゃけ好きな人は（います・いないよ）

その人の名前（イニシャルでもOK！）は　　　　　だよ❤❤❤

今いちばんほしいものは　　　　　で、将来の夢は　　　　　！

10年後のわたしはきっと　　　　　だろうな～♪

FAVORITE
お気に入り

#食べもの

#音楽

#本・マンガ

#キャラクター

#場所

#ファッション

LOVE TALK
ラブトーク

恋の質問に答えてね💜

告白したことがある （Yes・No）

告白されたことがある （Yes・No）

失恋したことがある （Yes・No）

彼氏・彼女がいる （Yes・No）

結婚願望がある （Yes・No）

初恋の年齢は？（　　）歳

理想のデートプランは？

キュンとくるしぐさは？

なんて告白されたい？

あてはまる人の名前を書いてね！
IMAGE GAME
イメージゲーム

#かわいい

#おもしろい

#かっこいい

#おしゃれ

#やさしい

#たよりになる

プチ
心理テストコーナー
しんり

家に帰ると、机の上においしそうなスイーツが💜　どんなスイーツだったと思う？

A　ショートケーキ

B　マカロン

C　チョコクッキー

D　シュークリーム

こたえ（　　　　）

結果は持ち主に聞いてね！

ランキングをつくろう！
BEST 3

1位

2位

3位

持ち主の第一印象は？

今のイメージは？

メッセージがあれば書いてね！

書き終わったら 〰〰〰〰 まで返してね！

PROFILE プロフィール

DATE 〔 ☐ . ☐ . ☐ 〕

NAME なまえ

NICK NAME ニックネーム

SNS エスエヌエス

ADDRESS じゅうしょ

TEL でんわ

MAIL メール

COMMENT コメント

写真 or イラスト しゃしん

わたしは 　　　年　　月　　生まれの　　　　座だよ！

血液型は 　　型で、性格は 　　　　　　かな？

趣味は 　　　で特技は 　　　！ 最近は 　　　　　をするのに

ハマってるんだ★ じつは 　　　　に似てるって言われたことがあるよ♪

有名人だと 　　　　の大ファンで、毎日 　　　　してるときが幸せ♥

好きなタイプは 　　　　で、ぶっちゃけ好きな人は（います・いないよ）

その人の名前（イニシャルでも OK！）は 　　　　だよ♥♥♥

今いちばんほしいものは 　　　　で、将来の夢は 　　　　　！

10 年後のわたしはきっと 　　　　　だろうな〜♪

FAVORITE お気に入り

#食べもの

#音楽

#本・マンガ

#キャラクター

#場所

#ファッション

LOVE TALK

ラブトーク

恋の質問に
答えてね♥

理想のデートプランは?

キュンとくるしぐさは?

告白したことがある	(Yes・No)
告白されたことがある	(Yes・No)
失恋したことがある	(Yes・No)
彼氏・彼女がいる	(Yes・No)
結婚願望がある	(Yes・No)
初恋の年齢は?( )歳	

なんて告白されたい?

あてはまる人の名前を書いてね!

IMAGE GAME

#かわいい　　　#おもしろい

#かっこいい　　#おしゃれ

#やさしい　　　#たよりになる

プチ
心理テストコーナー

家に帰ると、机の上においし
そうなスイーツが♥ どんな
スイーツだったと思う?

A　ショートケーキ
B　マカロン
C　チョコクッキー
D　シュークリーム

こたえ（　　　）

結果は持ち主に聞いてね!

ランキングをつくろう!

（　　　　　　）BEST3

持ち主の第一
印象は?

今の
イメージは?

1位

2位

メッセージがあれば書いてね!

3位

書き終わったら〰〰〰まで返してね!

プロフィール

PROFILE

DATE〔 ■ . ■ . ■ 〕

なまえ
NAME

ニックネーム
NICK NAME

エスエヌエス
SNS

じゅうしょ
ADDRESS

でんわ
TEL

メール
MAIL

コメント
COMMENT

しゃしん
写真 or イラスト

わたしは 　　年　　月　　生まれの　　　　　座だよ！
けつえきがた
血液型は　　型で、性格は　　　　　かな？
しゅみ
趣味は　　　　で特技は　　　！　最近は　　　　　　をするのに
ハマってるんだ★　じつは　　　　に似てるって言われたことがあるよ♪
ゆうめいじん
有名人だと　　　　　の大ファンで、毎日　　　　　してるときが幸せ♥
好きなタイプは　　　　　で、ぶっちゃけ好きな人は（います・いないよ）
ひと なまえ
その人の名前（イニシャルでも OK！）は　　　　　だよ♥♥♥
いま
今いちばんほしいものは　　　　で、将来の夢は　　　　　！
10 年後のわたしはきっと　　　　　　だろうな〜♪

お気に入り
FAVORITE

| #食べもの | #音楽 | #本・マンガ |
| #キャラクター | #場所 | #ファッション |

LOVE TALK

恋の質問に答えてね♥

告白したことがある　　　（Yes・No）

告白されたことがある　　（Yes・No）

失恋したことがある　　　（Yes・No）

彼氏・彼女がいる　　　　（Yes・No）

結婚願望がある　　　　　（Yes・No）

初恋の年齢は？（　　　）歳

理想のデートプランは？

キュンとくるしぐさは？

なんて告白されたい？

あてはまる人の名前を書いてね！

IMAGE GAME

#かわいい

#おもしろい

#かっこいい

#おしゃれ

#やさしい

#たよりになる

プチ 心理テストコーナー

家に帰ると、机の上においしそうなスイーツが♥　どんなスイーツだったと思う？

A　ショートケーキ

B　マカロン

C　チョコクッキー

D　シュークリーム

こたえ（　　　）

結果は持ち主に聞いてね！

ランキングをつくろう！ BEST3

1位

2位

3位

持ち主の第一印象は？

今のイメージは？

メッセージがあれば書いてね！

書き終わったら　　　　　まで返してね！

PROFILE

DATE 〔 ■■■ . ■ . ■ 〕

NAME

NICK NAME

SNS

ADDRESS

TEL

MAIL

COMMENT

写真 or イラスト

わたしは 　　年　　月　　生まれの　　　　　座だよ！

血液型は　　型で、性格は　　　　　　かな？

趣味は　　　　で特技は　　　！ 最近は　　　　　　をするのに

ハマってるんだ★　じつは　　　　に似てるって言われたことがあるよ♪

有名人だと　　　　の大ファンで、毎日　　　　　してるときが幸せ♥

好きなタイプは　　　　で、ぶっちゃけ好きな人は（いります・いないよ）

その人の名前（イニシャルでも OK！）は　　　　だよ♥♥♥

今いちばんほしいものは　　　で、将来の夢は　　　　　！

10 年後のわたしはきっと　　　　　　だろうな～♪

FAVORITE

#食べもの

#音楽

#本・マンガ

#キャラクター

#場所

#ファッション

LOVE TALK

ラブトーク

恋の質問に
答えてね♥

告白したことがある　　（Yes・No）

告白されたことがある　（Yes・No）

失恋したことがある　　（Yes・No）

彼氏・彼女がいる　　　（Yes・No）

結婚願望がある　　　　（Yes・No）

初恋の年齢は？（　　）歳

理想のデートプランは？

キュンとくるしぐさは？

なんて告白されたい？

あてはまる人の名前を書いてね！

IMAGE GAME

#かわいい

#おもしろい

#かっこいい

#おしゃれ

#やさしい

#たよりになる

プチ 心理テストコーナー

家に帰ると、机の上においし
そうなスイーツが♥　どんな
スイーツだったと思う？

A　ショートケーキ
B　マカロン
C　チョコクッキー
D　シュークリーム

こたえ（　　　）

結果は持ち主に聞いてね！

ランキングをつくろう！ BEST3

1位

2位

3位

持ち主の第一
印象は？

今の
イメージは？

メッセージがあれば書いてね！

書き終わったら　　　　　まで返してね！

 **PROFILE** プロフィール

DATE〔　■　.　■　.　■　〕

COMMENT コメント

NAME なまえ

NICK NAME ニックネーム

SNS エスエヌエス

ADDRESS じゅうしょ

TEL でんわ

MAIL メール

写真orイラスト しゃしん

わたしは　　　年　月　　　生まれの　　　　座だよ！
血液型は　　型で、性格は　　　　　　　かな？
趣味は　　　　で特技は　　　　！　最近は　　　　　をするのに
ハマってるんだ★　じつは　　　　に似てるって言われたことがあるよ♪
有名人だと　　　　　の大ファンで、毎日　　　　　してるときが幸せ♥
好きなタイプは　　　　で、ぶっちゃけ好きな人は（います・いないよ）
その人の名前（イニシャルでもOK！）は　　　　　だよ♥♥♥
今いちばんほしいものは　　　　で、将来の夢は　　　　　！
10年後のわたしはきっと　　　　　だろうな〜♪

FAVORITE お気に入り

#食べもの

#音楽

#本・マンガ

#キャラクター

#場所

#ファッション

LOVE TALK

ラブトーク

恋の質問に
答えてね♥

告白したことがある　（Yes・No）

告白されたことがある　（Yes・No）

失恋したことがある　（Yes・No）

彼氏・彼女がいる　（Yes・No）

結婚願望がある　（Yes・No）

初恋の年齢は？（　　　）歳

理想のデートプランは？

キュンとくるしぐさは？

なんて告白されたい？

あてはまる人の名前を書いてね！

IMAGE GAME

イメージゲーム

#かわいい

#おもしろい

#かっこいい

#おしゃれ

#やさしい

#たよりになる

プチ 心理テストコーナー

家に帰ると、机の上においし
そうなスイーツが♥　どんな
スイーツだったと思う？

A　ショートケーキ

B　マカロン

C　チョコクッキー

D　シュークリーム

こたえ（　　　）

結果は持ち主に聞いてね！

ランキングをつくろう！

（　　　　　）BEST3

1位

2位

3位

持ち主の第一
印象は？

今の
イメージは？

メッセージがあれば書いてね！

書き終わったら　　　　　まで返してね！

プロフィール

PROFILE

DATE〔■■ . ■ . ■〕

コメント
COMMENT

なまえ
NAME

ニックネーム
NICK NAME

エスエヌエス
SNS

じゅうしょ
ADDRESS

でんわ
TEL

メール
MAIL

しゃしん
写真orイラスト

わたしは 　　　 $\overset{ねん}{年}$ 　　 $\overset{がつ}{月}$ 　　 $\overset{う}{生}$まれの 　　　　 $\overset{ざ}{座}$だよ！

$\overset{けつえきがた}{血液型}$は 　　 $\overset{がた}{型}$で、$\overset{せいかく}{性格}$は 　　　　　 かな？

$\overset{しゅみ}{趣味}$は 　　　　で$\overset{とくぎ}{特技}$は 　　　　！ $\overset{さいきん}{最近}$は 　　　　　　をするのに

ハマってるんだ★ じつは 　　　　に$\overset{に}{似}$てるって言われたことがあるよ♪

$\overset{ゆうめいじん}{有名人}$だと 　　　　の$\overset{だい}{大}$ファンで、$\overset{まいにち}{毎日}$ 　　　　してるときが$\overset{しあわ}{幸}$せ♥

$\overset{す}{好}$きなタイプは 　　　　で、ぶっちゃけ好きな$\overset{ひと}{人}$は（います・いないよ）

その$\overset{ひと}{人}$の$\overset{なまえ}{名前}$（イニシャルでも$\overset{オーケー}{OK}$！）は 　　　　だよ♥♥♥

$\overset{いま}{今}$いちばんほしいものは 　　　　　　で、$\overset{しょうらい}{将来}$の$\overset{ゆめ}{夢}$は 　　　　　！

10$\overset{ねんご}{年後}$のわたしはきっと 　　　　　　だろうな～♪

お気に入り
FAVORITE

#食べもの

#音楽

#本・マンガ

#キャラクター

#場所

#ファッション

LOVE TALK
ラブトーク

恋の質問に
答えてね♥

告白したことがある　（Yes・No）
告白されたことがある（Yes・No）
失恋したことがある　（Yes・No）
彼氏・彼女がいる　　（Yes・No）
結婚願望がある　　　（Yes・No）
初恋の年齢は？（　　）歳

理想のデートプランは？

キュンとくるしぐさは？

なんて告白されたい？

あてはまる人の名前を書いてね！
IMAGE GAME
イメージゲーム

#かわいい

#おもしろい

#かっこいい

#おしゃれ

#やさしい

#たよりになる

プチ 心理テストコーナー

家に帰ると、机の上においし
そうなスイーツが♥　どんな
スイーツだったと思う？

A　ショートケーキ
B　マカロン
C　チョコクッキー
D　シュークリーム

こたえ（　　　）

結果は持ち主に聞いてね！

ランキングをつくろう！
BEST3

（　　　　　）

1位

2位

3位

持ち主の第一
印象は？

今の
イメージは？

〈メッセージがあれば書いてね！〉

書き終わったら＿＿＿＿＿まで返してね！

心理テストの答え

このテストでは、自分では気づいていないあなたのミリョクがわかるよ！

A
ショートケーキを選んだ人は…

あなたのミリョクはあいきょうたっぷりの笑顔♥　あなたがニコニコしているだけで、まわりの人まで明るい気持ちになっちゃうよ♪

B
マカロンを選んだ人は…

あなたはセンスばつぐんのおしゃれさん★　あなたのファッションや持ちものに、ひそかに注目が集まっているかもしれないよ！

C
チョコクッキーを選んだ人は…

あなたは発想力ピカイチのアイデアマン♪　意見を求められたときは積極的に発言して、クラスメイトをリードしちゃおう！

D
シュークリームを選んだ人は…

あなたはだれからも愛されるいやしキャラ♥　おっとりやさしい雰囲気がミリョクで、あなたのまわりには自然に人が集まってくるの♪

渡した人をメモしておこう

名前	渡した日 　／	返却 ☐
名前	渡した日 　／	返却 ☐
名前	渡した日 　／	返却 ☐
名前	渡した日 　／	返却 ☐
名前	渡した日 　／	返却 ☐
名前	渡した日 　／	返却 ☐

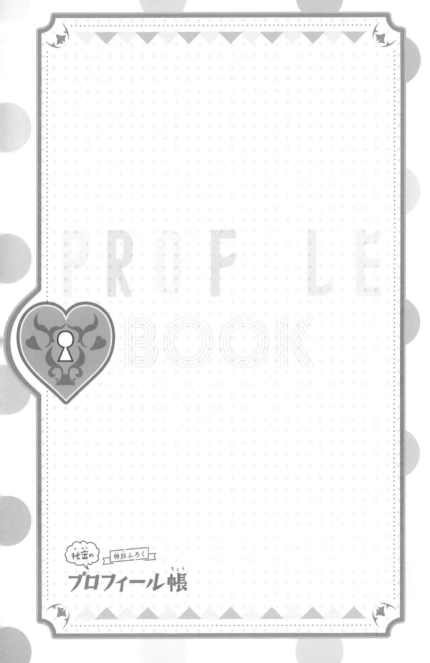

PROFILE

BOOK

秘密の　特別ふろく

プロフィール帳